超強資優生養成班

1日10分で大丈夫！自分から勉強する子が育つお母さんの習慣

村上綾一　著　　黃薇嬪　譯

【前言】

有件事情，只有母親能夠辦到

我在補習班裡的主要工作，是指導孩子們準備測驗。我的補習班採行小班制，因此能夠定期與母親們約談，我經常被問到底下這些問題：

「該怎麼做，我家的孩子才肯念書呢？」

「一到假日，他就整天打電動。」

「他最近不聽話了……」

有件事情我想先告訴各位，很遺憾的是，「**孩子某天就突然自動自發念書」這種情況不會發生**。

另外，我這麼說恐怕會引起眾人誤會，不過我可以直接告訴各位：「念書對孩子來說，本來就是件苦差事。」

再加上孩子的娛樂種類比以前更多，電視、電玩、漫畫等，這些誘因一旦增加，孩子們恐怕更難專心念書了。

不過，不要緊，請各位放心。**只需要母親們的一點用心、改變一些措辭，一定能夠改變孩子**。

透過約談和演講，我到目前爲止已經接觸超過三千名以上的媽媽。我撰寫本書的目的，是**爲了培養「喜歡讀書、獨立、對人生有野心的資優生孩子」**；我想告訴各位媽媽——「有些事情不是靠補習班或學校，而是只有母親能辦到」，讓孩子學會自主學習、自動讀書，就是母親才辦得到的事。

接下來我介紹一下我自己，我是小班制補習班「ELCAMINO數理類專科補習班」的代表。從學生時代起，就在大型補習班擔任前三志願升學班的講師；其後，我轉爲自由講師，除了指導前三志願升學班之外，也有機會製作教材。後來在東京目白成立了私人公司。

我成立的公司雖然不是補習班，不過我經常接到：「您有空的話，能否看看我家孩子的情況？」諸如此類的委託，也有來自外地的邀請，我的學生逐漸增加。

我原本開設的是私人公司，沒有招牌也沒有做廣告，連宣傳手冊都沒有，結果陸續有學生找上門來，一眨眼就超過二十位，甚至有小學生遠從埼玉縣或千葉縣搭電車過來。我心想：「這麼一來，我若不正式成立補習班，對這些孩子豈不是說不過去？」

於是在二〇〇六年，我在東京目白成立了一間小教室。

孩子們一一考上難考的學校！

補習班就這樣開始了。我以「母親、孩子、補習班」三人四腳的方式在這八年間不斷努力。

結果，班上許多學生都考上了前三志願，約佔總人數七成（一般補習班的錄取率約二～三成）。我們是小補習班，每年的學生頂多二十～四十人，但是在這八年內，考上前三志願的累進錄取人數卻高達一百位。

後來我也開始接到「如何面對考試？」「如何培養數學小天才？」等主題的演講邀請。現在我一年會舉行二、三十場演說，每天與許多母親接觸。

有些事情只有母親能夠辦到

能夠擁有今日的成就，一方面是我們對於補習班的付出，另一方面也是孩子們及母親們的努力。

小孩子原本就喜歡「學習」、「獲得新知」、「學會原本不會的事情」，**我們要做的，是引出每個孩子的學習欲望。**

當中的關鍵，毫無疑問就是母親。

對於孩子來說，母親無可取代。探究孩子們努力念書的原因，大致上不脫這兩點——「我要爲了最愛的媽媽加油」、「我希望看到媽媽高興」。

「老師今天稱讚我！」孩子這樣說的時候，母親要回答：「這樣啊，你眞乖。」

「我會背九九乘法表了！」孩子這樣說的時候，母親要回答：「好厲害！也教教媽媽吧。」

說穿了，只要做到這樣就夠了。對於孩子們來說，能夠得到母親的稱讚，比什麼都令人開心。

「媽媽稱讚我→開心」這種情況不斷發生的話，「念書眞有意思！」「學到新事物眞快樂！」——孩子們的想法也會逐漸改變。

能夠做到這件事的人，唯有母親了。補習班和學校都辦不到。

爲了孩子的人生

話說回來，念書這件事，如果自己無心去做，就什麼也學不到。長期塡鴨式教育與考試機器的訓練等，沒有任何意義。

在補教界經常聽到「孩子把考試當成人生的全部，最後燃燒殆盡了」這類可悲的例子。如此一來，你也弄不懂自己是爲了什麼而考。

對於我們家長來說，最重要的是要培養孩子的自主性，以及對於學習的欲望。本書就是爲了幫助各位做到這一點。

本書的結構如下：

第一章　孩子自主學習！培養旺盛的幹勁

本章介紹培養「孩子的學習欲望」，母親能夠做的事情。

第二章　當虎媽也無所謂！身為母親應該知道的事

本章整理多數母親煩惱的「管教與念書」問題。

第三章　何種「家庭」能夠促進孩子發展？差別在這裡！

本章講述我與許多母親聊過之後歸納出來的「家庭學習重點」。

第四章　成績一定會提昇！十一個學習魔法

本章介紹值得推薦的強化「閱讀、書寫、珠算」學習法。

第五章　完全攻略！不同科目的學習法

本章介紹國語、數學、自然與生活科技、社會等「四大主要科目的具體學習法」。

附錄　不同年齡兒童的發展方式

與不同年齡孩子的接觸方式自然也不同，本附錄將告訴各位其中的重點。

本書自「母親、孩子、補習班」的三人四腳中嚴格挑選出學習方法，不是讀完就結束了，請務必將其中一、兩項納入生活，你一定會對於自己孩子的改變感到驚訝。

媽媽應援團

上了補習班之後，我經常聽到孩子說：「村上老師好厲害！」孩子以前上其他補習班的時候，對老師都沒有這種敬畏，或者該說尊敬，所以我很驚訝。而且從他上了補習班之後，**對長輩的措辭也改變了，他變得能夠與大人對話**。村上老師不僅提昇了孩子的學習能力，也讓他變成獨立自主的大人，我十分感激。

從小學三年級起的四年，孩子都在 ELCAMINO 補習。村上老師認爲：**「別讓孩子太勉強，畢竟我們的目的都是爲了孩子好。」**我覺得孩子能夠給村上老師教到眞是太幸運了。孩子也相當仰慕村上老師。他曾經猶豫要報考哪間學校，最後決定：「我要去村上老師讀過的學校！」我們也尊重他的決定，後來他考上了村上老師的母校。

我讓孩子去上大型補習班時，孩子曾告訴我一句話：「數學不好玩。」因此我們參加了 ELCAMINO 的試聽班。在課堂上，我印象最深刻的就是，同一個題目會解題數次、檢查數次。**孩子以往的態度是「遇到題目就是解題。給我什麼我就做什麼」，他卻逐漸改變了，開始說：「數學很有趣！」**透過考試，我們知道村上老師的想法是：「考上好學校不是目標，一個人能夠在考試過程中成長才重要。」由衷覺得：「能夠遇上這位老師眞好。」

一講到補習班，一般人總以爲那是一個「逼孩子念書」的地方。但是，村上老師總是讓我們思考：「如何能夠引出孩子的能力？」孩子在補習班裡上了三年的數學講座。一回顧起孩子開心的模樣，與其說他是去補習，他更像是去玩耍。從孩子口中聽到：「村上老師設計的題目很有趣！」我覺得很高興。

contents

目錄

chapter 02

當虎媽也無所謂！身為母親應該知道的事

chapter 03

何種「家庭」能夠促進孩子發展？差別在這裡！

contents

目錄

chapter 05 數學

完全攻略！不同科目的學習法

contents

目錄

國　語

自然與生活科技

社會

附錄

不同年齡兒童的發展方式

Chapter

1

Habits For Moms That Encourage Kids To Study Hard Spontaneously

孩子自主學習！
培養旺盛的幹勁

lesson 01

覺得「我很拿手」，孩子就會主動念書

「該怎麼做，孩子才會喜歡念書呢？」

許多母親問過我這個問題。

「只要孩子喜歡念書，用不著我一直嘮叨，他就會主動念書，成績也會進步。」

我十分明白這種心情。

可是，我認爲各位搞錯了。

給孩子「你辦得到！」的自信

不是因爲喜歡所以拿手，而是因爲拿手，所以愈來愈喜歡。

這才是正確的順序。

小學低年級的孩子如果數學計算很快，家長或老師稱讚他：「你的計算速度眞快。」孩子就會覺得「我數學很好！」於是他更想算數學。

假設世上存在「讓孩子喜歡念書的訣竅」，我認爲就是盡早培養孩子產生「我很擅長做這個！」的感覺。

上課時，我思考：「如何讓每個孩子感覺自己很拿手？」在與母親的面談上，我也會告訴她們：「無論在任何事物上，請務必讓孩子產生『我很擅長』、『我很拿手』的感覺。」

重點在於「比身邊其他孩子厲害一點點」

有個朋友告訴我：「將來要讓孩子去打職棒。」但是，想要進入職棒並不容易。於是我問他：「你要如何讓孩子開始打棒球？」對方說：「小孩子很單純，只要自己做得比其他孩子好一點，就會愈來愈喜歡做這件事，也會自己主動練習。所以我打算從幼稚園開始，盡早陪孩子練習投接球，打造出『玩得比其他孩子好一點』的狀態，這樣就行了。」

原來如此。——我感到十分佩服。

姑且不論那個孩子後來能否打進職棒，至少在小學一、二年級與朋友打棒球時，只要自己比四周的孩子打得好一點，自然就會產生「我很擅長打棒球」的感覺，進而變得更想去做這件事。

只要萌生這種想法，接下來孩子就會靠自己逐漸成長。這種情況不僅適用在運動上，在念書、藝術等各方面也都一樣。

替他建立小小的「成就感」

進入小學時，「我會簡單的數學」、「我會朗讀、會寫注音符號」，這些就是打造「我擅長念書」感覺的第一步。

我認爲不需要更多的超前學習，只要懂得簡單的數學、注音符號讀寫等小小的「成就感」，孩子一定能夠愛上念書。

圖 1

覺得「拿手」，就會主動念書

「成就感」萌芽的話，孩子就會主動學習。
首先，要讓孩子覺得：「我有能力做到！」

留這些時間，陪孩子一起「快樂度過」。如果有困難的話，一天十分鐘也可以，只有一小段時間也沒關係。養成「每天念書」的習慣在往後的階段會愈來愈重要。

小孩子無法持續做「討厭的事情」

每天做「討厭的事情」對於孩子來說也是一種痛苦；即使逼著他去做，也無法養成習慣。

因此，**別把念書視爲神聖的事，請讓孩子以爲那是「一邊吃零食一邊進行的快樂時光」**。

這樣的話，到小學低年級爲止，孩子應該不會討厭「學習」、「獲得新知」、「學會原本不會的事情」。

圖 2

「念書＝快樂時光」的方法

認爲「念書＝痛苦的事」。

植入「念書＝快樂的事」的印象。

※ 這種做法大概到小學低年級為止都有效。

lesson 03

利用勝利手勢和好孩子貼紙幫助孩子成長

觀察孩子就會發現，在解題時，愈會念書的孩子愈會做出「太棒了！」的勝利手勢。勝利手勢很重要，透過身體表現喜悅與成就感，而且能夠有效提高幹勁和動機。

請你想想：你的孩子是否也會做「太棒了！」的勝利手勢呢？

以現代人的傾向來說，反應「冷靜」、「冷漠」的孩子正在逐漸增加。但是，不管是運動或念書都好，**相較於反應冷淡的孩子，情感表現豐富、能夠表達喜悅和不甘心的孩子，往後的成長會更順利**。請記得引導孩子表現出情感。

舉例來說，孩子如果告訴你：「我今天在學校解開這個問題。」你要微笑說：「你眞厲害。」並與孩子擊掌。這樣就夠了。

不只是念書和運動如此。與孩子一起做菜順利的話，也可以兩人開心歡呼：「幹得好！」在打掃或收拾完畢時，也可以說：「全部做完了！」然後擊掌。

請在日常生活交流中，一點一點加入勝利手勢或擊掌。

家長表現出喜悅的話，孩子也會產生快感、成就感，進而學會表現自己的情感，知道「完成什麼事情之後，可以這樣表現愉悅」，這個快感開關對於念書一定也有幫助。

盡量多給好孩子貼紙

與勝利手勢、擊掌一樣，給小貼紙也會有很大的效果。

孩子寫完題庫之後，家長應該都給過貼紙當作獎勵吧？這種時候，很多父母親只會給小小一張貼紙。我主張：「請務必給他們大張的貼紙。」

有些人遇到孩子答錯會打「×」，答對了卻不會打「○」。請絕對不要這樣做。**畫上大「○」讓孩子產生成就感，也會因而產生幹勁。而打「○」的最高級表現就是「好孩子貼紙」**。可別小看好孩子貼紙。

「多虧有好孩子貼紙才能夠考上」

過去在我的補習班裡，有個男孩最喜歡好孩子貼紙。只要他一解開問題，拿到我給他的好孩子貼紙，他就會十分高興地說：「太好了！」他自己私下解開什麼問題時，也會特地來找我，說：「老師，請給我貼紙。」

有時我不是給他好孩子貼紙，只給他普通貼紙的話，他會對我說：「老師，這個沒有好孩子貼紙嗎？」我說：「這個還不到好孩子貼紙的程度。」他就會拚命思考什麼地方做得不夠，希望更加努力。

結果這個孩子考上了很難考的學校。在他母親寫來的信裡提到：「多虧有老師的好孩子貼紙，他才能夠錄取。謝謝您。」

我收到那封信時很感動，不過更感動的是那位母親明白「好孩子貼紙的價值」。

我想這樣的母親**在家裡也一定會給孩子好孩子貼紙**。做完題庫後當然會給好孩子貼紙，幫忙其他事情時，她應該也會說：「你眞厲害。謝謝你。」這樣的態度，作用就跟好孩子貼紙一樣。

這些**微小的溝通交流對於孩子來說也同樣重要**。

如何培養坦率成長的孩子？

你希望你的孩子只會冷淡覺得：「拿到好孩子貼紙又怎樣？」還是老實認為：「拿到好孩子貼紙很開心，我會想要更加努力！」呢？

我認爲關鍵就在於幼稚園到國小低年級這段期間，家長如何參與孩子的生活。

如果家長擺出：「不過就是好孩子貼紙呀。」這種看不起的態度，孩子一定也會有同樣感覺。家長必須先認同好孩子貼紙、勝利手勢、擊掌的價值，與孩子一起感到開心，這才是最重要。

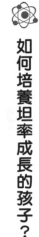

lesson 04

「還差得遠了！」這句話會讓孩子失去幹勁

事情發生在我們補習班的孩子考試拿到五十分的時候。

這個孩子過去都只能夠拿到二、三十分的成績。也就是說，拿到五十分證明他本人已經非常努力。因此我稱讚他說：「能夠拿到五十分，你真的很厲害呢。」他卻一點也不開心，拚命指責自己做不好的地方，說：「不，才考五十分，我太笨了……」

仔細詢問之後，我才知道他家裡對於他從二十分考到五十分，絲毫不稱讚；家長甚至還對他說：「才五十分，還差得遠了。」

請你認同孩子的努力

我明白站在家長的立場，自然希望孩子「不是拿五十分，而是拿九十分或滿分」。

但是，事實上這個孩子十分努力才得以從二十分進步到五十分。如果沒能夠好好稱讚這一點的話，他本人也不會有繼續努力的念頭。

因此，我不斷告訴那個孩子：**「你在說什麼？因爲你很努力，才能夠提高了三十分的分數，不是嗎？這一點眞的很厲害啊。你應該爲此抬頭挺胸、感到驕傲。」**

因爲我稱讚了他「做得好的地方」、「付出努力這部份」，所以他產生了「我下次要以滿分爲目標」、「我要考更高分」的念頭，成績也一點一點逐漸提昇了。

別錯過孩子的成長

找到「孩子很努力，最後成長了一點」的事實，並且告訴孩子這是多麼值得稱讚的事情。

對孩子充滿期待，並且希望他表現得更好，絕對不是錯誤，但是在「達成新成就」、「有了成長」這種時候，孩子尤其需要你的稱讚。

lesson 05

虛心受教的孩子，是因爲家長懂得積極稱讚！

我每年都會接觸許多孩子，我發現孩子可以分爲「不正經的孩子」，以及對於許多事物「充滿好奇心的孩子」這兩類。

會念書、能夠變得堂堂正正的人，不用說就是「充滿好奇心的孩子」。

然而，在兒童社會中最受歡迎的，反而是能夠逗大家笑的「不正經的孩子」。這一點很令人頭痛。

比方說，在上數學課時，我一說：「上了國中之後，遇到的不是整數、不是小數也不是分數，而是全新的『開根號』。」充滿好奇心的孩子會說：「那是什麼數字？」或問：「該怎麼使用？」

相反地，對於任何事情都不以正經態度面對的孩子，則會稍微開玩笑地給老師難堪，說：「所以現在不教我們也無所謂吧？」然後其他同學就會因爲這樣的揶揄而笑出來。

無論哪個時代，讓大人難堪、揶揄老師的孩子都較容易成爲兒童社會的人氣王。但這不是好現象。

因此在我的補習班裡會**警告、嚴厲斥責給大人難堪，或是把話題帶往奇怪方向去的孩子**。

相反地，對於展現出單純好奇心的孩子，我就會稱讚他們：「很棒」、「有頭腦」、「了不起」等。

孩子看著父母親成長

這種「不正經的態度」也與父母親的態度有莫大的關係。

這表示父母親在不自覺的時候，也會不正經對待孩子所說的話，或是表現出否定的態度。

例如孩子說：「我今天學到了這件事。」「我今天做到了這件事。」時，這種家長不自覺就會說：「你連這個都不知道嗎？」「這不是每個人都會做嗎？」「知道那種事情對社會也不會有貢獻。」等。

說這種話的家長當然沒有惡意，這些只是日常生活的交流，只是在輕鬆聊天；也有許多家庭的父母親只是試圖透過開孩子玩笑的方式溝通，打造開朗的氣氛。

我當然沒有打算否定這點，但是，**孩子特地告訴你：「我學會了這樣的知識。」你卻以不正經的態度回應，孩子也會模仿這種行爲，**我希望爲人父母者必須先記住這一點。

孩子變得有自信很好

孩子一說自己「學會了什麼」、「完成了什麼」、「努力了什麼」，做家長的只要坦白展現積極的態度，表示「很厲害」、「很好」、「加油」等反應就好。

孩子如果因此變得很有自信，我覺得剛剛好。

假如孩子不正經時，**我希望家長們能夠直率地表現出感動或佩服的態度，**說：「爲什麼？我覺得這個很有趣耶！」「能夠對於這種事情覺得感動，很厲害呀。」

圖 3

孩子看著父母親成長

✕ 擺出沒有惡意的否定態度

➡ **孩子會變得喜歡給大人難堪。**

○ 經常給予正面的態度

➡ **孩子會變得積極又坦率。**

lesson 06

建立「有知識＝很酷」的家庭文化

家庭中的對話比各位母親所想的更重要。具體來說，我希望各位做到「在家裡盡量聊些知性內容」。

例如在聊天時可以說到：「自古有句成語說：『秋高氣爽』……」我認爲這樣的對話就很完美。**把諺語、偉人的名言、社會上發生的事情、世界情勢等「有點知性的話題」帶進對話裡，孩子也會有興趣聽。**

我在上課時也會聊到各領域的話題，我發現；聰明的孩子、家裡會進行知性對話的孩子，對於各種話題都會感興趣。

但是，聊到這類話題時，愈是愛開玩笑說：「這些事情和這堂課有什麼關係？」「一點意義也沒有啊？」或是毫不關心的孩子，顯然是家裡缺乏知性對話。一方面他們把「讓大人難堪」當成一種樂子，另一方面如果他們只會根據「考試會不會考」這樣狹隘的理由判斷事物的話，豈不可悲？

刺激孩子好奇心的必殺笑點

我認爲孩子的這些反應也是受到社會風氣影響。只要有人展現知識，就會出現「他眞愛現」、「長篇大論的傢伙最煩人」等意見，所以家長和孩子必然也會受到這種風氣影響。

但是，不可否認的是，擁有眾多知識是一件很棒的事，享受知性對談也是人類成長上十分重要的要素。

在家裡請別對知識冷嘲熱諷，應該積極創造享受知性談話的氣氛。

順便補充一點，我在補習班裡講**「與金錢有關的話題」，孩子們立刻眼睛發亮、充滿興趣地聽我說。**

我認爲「什麼是外匯市場？」「股票的機制是什麼？」這類內容對於小學生來說確實有點難，不過在我說明時，他們也聽得津津有味。

利用日常生活相關話題教導孩子

除外，如果談到「最近因爲台幣貶值，所以汽油價格很可觀」，孩子們就會好奇表示：「爲什麼？」「台幣貶值沒有好處嗎？」諸如此類。

我不是希望：「大家在家裡都來聊錢的話題吧！」不過「與錢有關的話題」、「損益相關的話題」，對於孩子們來說果然特別有吸引力。在家裡閒聊時，只要刻意選擇與「台幣升值、貶值」有關的話題，或是跨太平洋戰略經濟夥伴關係協議（Trans-Pacific Strategic Economic Partnership Agreement，簡稱 TPP）相關說明等「稍微知性一點的內容」的話，孩子的感覺也會大不相同。

許多考試也曾問過這類金錢相關問題，因此把這些當成一般知識、事先了解很重要。

圖 4

記得進行「知性談話」

你想不到原來孩子對許多知識會有興趣。這樣做也有助於培養好奇心。

lesson

07

聽到孩子的冷笑話一定要捧場

小孩子最愛冷笑話。孩子能夠想出來的冷笑話，大概就是「烏龜怕鐵槌、蟑螂怕拖鞋！」這種程度吧。但是，周遭其他人對於這些冷笑話應該做出什麼反應很重要。

我到目前爲止見過許多孩子，喜歡且擅長說冷笑話的孩子，通常功課也很好，國語成績尤其優秀。

這時候，**最不好的做法就是不正經看待孩子的冷笑話**。

孩子一說冷笑話，家長多半會在心裡想：「好冷！」「好無聊！」等，但我希望各位能夠盡量捧場。對於孩子來說，媽媽願意爲自己而笑是最開心的事情。只要一說冷笑話，媽媽就會笑的話，孩子心裡也會想：「我要繼續想出冷笑話逗媽媽笑。」

冷笑話讓國語成績不斷提昇

過去在我的補習班裡有個男生很擅長數學、自然與生活科技，卻不擅長國語閱讀測驗。擅長數學、自然與生活科技表示他的邏輯能力很高，所以閱讀測驗應該也沒問題才是。但是，他卻因爲懂的語彙不夠多、國語成績無法提昇而煩惱不已。

他與朋友聊天時，總是會說笑話炒熱氣氛，可是那孩子的父親和母親都是嚴肅的人，對於孩子的冷笑話或笑話不感興趣。

因此，我拜託他們：「○○同學能夠經由說冷笑話或笑話增加語彙，學會國語，希望○○爸爸和○○媽媽能夠盡量給予正面反應，爲他捧捧場。」

於是，他的父母親也積極協助，「這個冷笑話很有趣呢！」開始享受孩子的笑話。雖說原因不只如此，不過那個男孩的國語成績的確進步了，最後成功錄取難考的學校。

lesson 08

教導孩子「正確表達情感」

前面已經提過勝利手勢的價值，不過最近的孩子皆有情感表達冷淡的傾向。像是這位曾經上過我補習班的孩子。

他成功考取第一志願的難考學校。他的母親喜極而泣，包括我在內的補習班工作人員也很高興，但是那個孩子卻只是發著呆。問他：「怎麼了？你不高興嗎？」他只是冷冷回答：「我很高興。」

或許會有人覺得這個孩子是特例，事實上，我們身邊愈來愈多這樣的小孩，與其說他們冷漠，應該說他們無法正確表達出情緒。這不只是孩子的問題，我認爲也是受到父母親不太表露情感的影響。

鮮少有人知道，**我們必須教導孩子「表現情感」，否則孩子不會知道如何表達**。遇到開心的事情要跳起來大喊：「太棒了！」並做出勝利手勢或擊掌，表示開心。遇到難過的事情要說：「好痛苦」、「好難過」，將悲傷表達出來，與其他人分攤。

如果沒有這類情感表現的練習或經驗的話，孩子不會學到情感的運作方式與表現方法。

站在家長的立場，即使沒有發生什麼大事，只是花朵枯萎了，也要說：「花枯掉了好可憐，眞傷心」、「期待明年再開花」等話語，**孩子才能學到花枯掉的悲傷與可憐的「情感」，並學到這種表達方式**。

家長要注意到這一點，並且教導孩子表現、傳達情感，這很重要。

孩子讀完《小紅帽》的感想

想必各位都知道《小紅帽》的故事吧。

我簡單說明一下。故事講述小紅帽去找奶奶，在森林裡遇到大野狼的故事，相信許多父母會說這個故事給孩子聽。

不過，網路上有一則發文提到：「我女兒讀到小紅帽被大野狼吃掉時，認爲：『誰叫她自己不小心，沒有認出那不是奶奶，是大野狼，有這種下場也是活該』。我不曉得該怎麼辦才好。」這則發文也成爲網路上的話題。

各位不覺得這種情況很棘手嗎？假如**你家小孩出現的反應是這樣，你會有什麼感受？**

喜怒哀樂是從父母親那兒學到的

這件事情也與近年來的國語文教育有關。近年來，「有什麼感覺是個人的自由」、「必須尊重多樣化」的風潮格外強烈。

讀完故事之後，如果有人強行要求：「你應該要有這種感覺。」的確會成爲問題。但是，**在幼稚園與國小低年級這個階段，孩子尚未學到情感的存在與表達，如果棄他們於不顧，認爲：「他隨心所欲怎麼想都好」，也是自由過了頭。**

家長和學校應該教導孩子「正確的情感存在方式」，以及「情感表達方式」，不是嗎？

這樣做絕對不是在強迫孩子改變感覺，而是大人必須告訴孩子，這個故事或是這個情境中包含的「悲傷」、「後悔」、「無助」、「不捨」等情緒與表達方式。

先學會這類情感的走向、心靈的波折之後，往後孩子們會產生什麼樣的感覺，才需要重視個性與多樣化，並且尊重。

產生「很普通的感覺」很重要！

接著進一步談談如何準備考試。「作者是基於什麼用意寫出這篇故事呢？」

「一般來說，這樣的場景會有什麼感受呢？」如果無法理解這些**「很普通的、也就是正確的感受方式」的話，就無法導出正確答案**。

依照個人自由、發揮想像與個性固然重要，但是在孩子成爲大人的過程中，必須先學會了解「情感的走向」。

這當中的平衡相當困難，不過我希望父母親請務必要將「正確的情感表現」告訴孩子。

陪著孩子共享情感

至於具體方法，就是陪孩子看書或看漫畫時，親子一同分享「啊啊，事情發展成這樣，眞叫人開心」或「這裡好傷心啊」等情感。看卡通也可以。觀賞《哆啦Ａ夢》、《蠟筆小新》的電影或迪士尼動畫電影等時候，家長告訴孩子：**「那個場面很感人。」「媽媽覺得那邊好可憐，都哭出來了……」**很重要。

這個時候不應該強迫孩子發表感想，說：「你覺得怎麼樣呢？」我認爲只要父母親把自己感覺到的情感、感覺告訴孩子就好。

如此一來，孩子就能夠透過經驗學到「情感的走向、表現方法」。

圖 5

教導孩子「表達正確的情感」

POINT 家長必須教導孩子
「對於事物應該有什麼樣的感受」。

**如果不了解「一般的正確感受」的話，
無法回答國語考題。**

lesson 09

稱讚競爭，別否定競爭

這個世界上，在念書或其他領域中，都認為「與他人比較是不好的事情」。我卻認為競爭是必要的。

當然，家長不需要過度煽動競爭。但是，**孩子如果抱持「我不想輸給〇〇」的競爭之心，也請至少不要否定他。**

當孩子一說：「這次的考試，我贏了〇〇。」我見過許多母親第一時間就會否定競爭，說：「不要這樣和別人比較，自己努力就好。」或是「你說這種話，考輸你的〇〇豈不是很可憐嗎？」

可是，既然孩子對於「贏過〇〇」一事感到高興，我希望做家長的也能夠表示：「哦，你很厲害呢。那麼下次也要努力別輸了。」稱讚孩子並一起為他高興。

我在考國中時也有一位對手。有對手在讓我十分起勁，一心想著：「我不想輸給對方！」所以我很努力，對方也很努力不想輸給我。

以結果來說，我們兩人的成績都提昇了，所以競爭絕不是壞事。

競爭、敵對都是孩子成長過程中不可或缺的能量，請不要隨意否定或潑冷水。

別建立奇怪的競爭關係！

但是，這裡我希望各位注意的是，家長別過度煽動或主動指名道姓要求：「你可別輸給○○啊！」**別做出這類強迫建立競爭關係的行爲**。

父母親只要用惹人厭的語氣說：「○○這次的數學小考成績不是九十分嗎？你才考七十五分是怎麼回事？」瞬間就會消滅孩子的幹勁。

家長應該採取的姿態是：「別否定孩子自己心中萌生的競爭意識」，也不要煽動並建立詭異的敵對態度。而且除了別人家的小孩之外，我希望家長也應該避免拿兄弟姊妹做比較，說：「你哥哥以前表現更好。」

一起觀賞奧運或世界盃比賽

想了解競爭的意義，我經常對父母親說：「請務必和孩子一起觀賞奧運或世界盃比賽。」

然後，我希望各位家長看著努力的選手，即使有點牽強也要說：「眞厲害！這些人爲了獲勝，相當努力。」「媽媽也決定從明天開始努力不輸給他們。」等。如此一來，就能夠**若無其事地爲孩子創造出「加油的對象」、「憧憬的對象」，孩子也會培養出幹勁**。

因此，我也會在看完奧運比賽的隔天上課時，對學生說：「昨天的比賽大家看了嗎？他們做了很多練習，很厲害，對吧？」

當然，小學生到了高年級左右，就會有人說：「我看那種東西，一點也不覺得感動。」這種時候我就會說：「欸，他們很厲害啊！看了他們的努力，就會變成懂得感動的人！」

教導孩子努力的美好

我用這種方式說話，希望能夠把「努力是美好的事」、「受到努力的人影響，自己也會努力」這些觀念和感覺植入孩子們心中。

於是，**不管是念書或運動上，競爭意識、敵對心、不服輸的感覺、朝著憧憬**

目標努力等心情就會油然而生，促使孩子成長。

爲了培養這樣的心，請父母親不要隨意否定競爭，巧妙地引出孩子的動力吧。

Chapter 2

Habits For Moms That Encourage Kids To Study Hard Spontaneously

當虎媽也無所謂！
身為母親應該知道的事

lesson

10 聲援「虎媽」！

閱讀本書的母親之中，我想有很多人對於「虎媽」一詞抱持負面印象。最近有許多母親「不想被稱爲虎媽」，也幾乎沒有人被這麼稱呼會感到高興。

但是，老實說：「虎媽有哪裡不對？」

「虎媽」是關心教育、確實要求孩子念書的母親。這樣不是很好嗎？

我**希望全世界的「虎媽」們務必要抬頭挺胸教育孩子**。

最近幾年的風潮是「只會念書是不夠的」，這種觀念似乎根深柢固。許多人會說：「只懂念書，是無法在世界上好好活下去。」這樣的話，事實上，我覺得也不盡然。

我們明明能夠稱讚：「會運動的孩子眞厲害」、「有音樂與繪畫才能的孩子眞厲害」，**面對「會念書的孩子」時，卻會說：「只會念書不行喔。」這樣不對吧。**

換句話說，父母親拚命教育孩子「要成爲會念書的孩子」並沒有錯。只是這個世界上的確有些父母親會弄錯應該關注的方向。

對於這種父母，我認爲應該要讓他們知道「什麼事情應該做、什麼事情不應該做」、「應該關注的正確方向」，不過「關心教育」這個行爲本身完全沒有任何問題。

別輸給旁人的聲音，別妥協

在婆婆媽媽的朋友之中，一定也有人責備你關心教育的方式吧。他們會說：「沒必要讓小孩子做到那種地步吧？」「我在養小孩的時候，也沒讓他做那種事。」云云。

但是，全世界關心教育的媽媽們，千萬別輸給那些意見，別害怕被稱爲「虎媽」，繼續關注孩子的教育吧。

重視教育的孟母

我在演講等場合，經常介紹「孟母三遷，斷機教子」這句話。「孟母」就是中國著名儒學家孟子的母親。

孟子的母親相當注重教育。他們家過去住在墓園附近，孟母一見到孟子老是在玩葬禮遊戲，認爲「這裡不適合養育孩子」，於是立刻決定搬家。

接下來他們搬到了市場附近。孟母見孟子整天模仿做生意的樣子玩耍，於是再度決定搬家，這次他們搬到了學校附近。因爲這個環境的關係，孟子開始拚命念書，因此有了「孟母三遷」這句話。

這句話的意思雖然是指「**環境對教育很重要**」，不過我對於孟母投注在孟子教育上的熱情，也相當感動。

後來，上大學的孟子某天回到故鄉，孟母一看到兒子，立刻扯斷紡織機正在織的布，說：「**學問沒有完成就跑回來，就像織到一半的布被扯斷了一樣。**」要求孟子回到學校去。這個小故事就是「斷機教子」這句話的由來。

如果沒有強烈的覺悟，就無法學到學問——母親嚴苛的教誨，也造就了後來的孟子。

抬頭挺胸養育小孩

畢竟是不同時代的故事，我不會要求各位：「一起成爲孟母吧。」不過我認爲可以學習像孟母那般重視教育。

培養一個孩子原本就不一定事事如意，甚至應該說過程不順利才是常態。但是，父母親重視教育絕對不是壞事。我希望各位務必對此抬頭挺胸。

lesson 11

別追求完美的教養小孩方式，別成爲焦慮的母親

爲了讓我家孩子更加獨立，該怎麼做才好？

聽說「藉由稱讚幫助孩子成長很重要」，光是稱讚、不責罵比較好嗎？

有愈來愈多家庭從幼稚園開始學習英語會話，有這個必要嗎？

許多父母親有各式各樣的疑問和不安，也有許多人找上我諮詢、商量。

愈重視教育的家長，愈喜歡從書籍、網路、與其他家長的談話等管道收集許多資訊；他們認爲：「那個也必須做、這個也必須做。」我十分了解這種心情。

我接觸過的父母親之中，也有一聽到圍棋很好，就讓孩子去學圍棋；一聽到珠算很重要，馬上就送孩子去學珠算；知道去音樂教室能夠培養絕對音感，隔天就報名鋼琴課，諸如此類。有些家長會像這樣讓孩子學這學那，而且還不是只有一兩位。

「別讓孩子什麼都學」

關於這點，我想說的是：「不需要緊張兮兮讓孩子什麼都學。」一聽到別人說：「我讓孩子學英語會話，他會變得很優秀。」「孩子不能只知道念書，所以我讓他加入體操教室鍛鍊體力。」等成功經驗，心裡的確會想：「我也要讓我家孩子做！」我能夠了解這種焦慮。

但是，這種時候最重要的其實是暫時冷靜下來。

家長必須與自己的孩子好好面對面聊聊，想想：「這個孩子需要什麼？」「讓孩子學那麼多東西，他不會太累嗎？」這點很重要。

最重要的是家長自己對於培養孩子必須「樂在其中」。這樣就夠了。

我希望成天爲了孩子努力張羅「沒有其他更好的補習班了嗎？」「沒有其他更好的教材了嗎？」的母親，能夠稍微放鬆肩膀上的壓力。

你是否也曾爲了孩子想破頭，而煩躁不安或嘆息不已呢？

孩子也會敏銳察覺母親的這些心情。尤其在這種時候，**千萬別忽略孩子發出的「我已經累了」、「我想找媽媽撒嬌」的信號。**

不管家長多麼努力，也不可能做到「完美的兒童教育」，因爲這個世界上根本不存在這種東西。

享受自我風格的兒童教育

重點在於不受社會風潮、媽媽朋友們的意見及經驗影響，首先要喜歡自己的兒童教育方式。

本書雖然提到許多內容，不過我並沒有說：「請照單全收。」我反而認爲如果全部實踐的話，家長和小孩都會超過負荷。

請務必冷靜判斷「適合自己小孩的事物」、「必要的事物」，並做出取捨。

圖 6

別把「完美的兒童教育」當作目標

「那個也做、這個也做」的話，
家長和孩子都會超過負荷喔。

lesson 12

母親的直覺多半準確

我經常在演講中提到別小看「母親的直覺」。

假如**母親感覺到「這個孩子是不是有些累了？」「是不是在學校發生什麼事了？」通常八九不離十的正確**。

別自行認爲：「大概是我多慮了」或「是我想太多吧」就放過；只要一覺得有哪裡不對勁、似乎有點奇怪，家長就應該要「相信自己的直覺沒錯」，並且找孩子談談，小心翼翼觀察孩子。

孩子眞的會因爲一點小事就受傷，或煩躁，或心情鬱悶。母親如果能夠注意到這點小變化或警訊的話，就已經解決一半以上的問題了。

最具代表性的例子就是——「孩子不想讓父母擔心」。

「我這麼說的話，媽媽會開心吧。」「如果我說自己想做什麼的話，一定會被稱讚吧。」——**孩子會因爲這樣的想法，而不自覺勉強了自己。**

舉例來說，當父母親問到：「念書辛苦嗎？」「補習不痛苦嗎？」的時候，請留意孩子的回答。孩子知道自己一旦說：「很辛苦啊。」「我已經不想去了。」父母親就會難過或不悅，所以他們會回答：「一點也不會。」「念書很快樂。」云云，體恤父母。

孩子所說的話別盡信

家長有責任問孩子：「要不要緊？」「會不會累？」但請別全然相信得到的回答。

家長必須主動從孩子回答的方式、表情、舉動、說話方式等，看出「這孩子現在是什麼狀態」、「實際上是什麼感覺」，這點很重要。

不管是念書也好，學才藝也罷，家長最喜歡的狀況是「孩子一切順利」。因此**孩子即使勉強自己也會假裝「一切順利」**。為人父母者請務必冷靜且稍加謹慎地找出「孩子的眞心話」。

lesson 13

父母親要假裝「喜歡念書」

父母親希望孩子喜歡念書的話，最重要的是必須身體力行，自己要先喜歡念書。

一般來說，醫生、律師、政治家的孩子通常學歷也較高，這與「父母親喜歡念書」有很大的關係。

在家裡的時候，父母親如果養成讀書、看報，或是學習其他事物的習慣，孩子自然也會模仿，**培養出一顆「喜歡求知學習」的心**。

截至目前爲止我看過不少親子，只要父母親喜歡念書，孩子也多半喜歡念書。

話雖如此，要求一個原本就覺得念書很痛苦的人，說：「你身爲父母，應該要喜歡念書。」也未免強人所難，因此我希望家長至少能夠「假裝喜歡念書」。

與孩子一起讀書時，即使有點勉強也可以試著說：「讀書眞有趣。」或是學習新事物的時候，可以說：「哎呀，原來宇宙是這個樣子，眞好玩！」云云，展現「學習＝快樂」的態度給孩子看。

或者是電視上出現歷史人物時，父母親可以說：「這個叫作諸葛亮的人，是三國時代的人物……」利用這種方式把自己知道的小知識告訴孩子，也是不錯的辦法。

孩子是看著父母親長大

家長利用這種方式假裝喜歡念書，孩子自然也會產生「我想要學到更多」、「真開心」的想法。

假如父母親對孩子說：「去念書！」自己卻老是懶洋洋在看電視綜藝節目的話，孩子也不會喜歡念書。

從小學低年級的時候開始建立「學習很開心」的心態，對於孩子的未來必定會有幫助。

lesson 14

把小孩不聽話當成好好長大的證明

「我家孩子不管什麼時候都不聽話」、「他馬上就反抗」諸如此類的情況，想必也是父母親正在面臨的困擾。

但是，我總是在想：**「小孩子會惡作劇或反抗，不是很好嗎？」**

「沒有自己的人生」

我過去工作的補習班裡，有一位這樣的女孩子。她平常很認真念書，成績很好，家長的管教也很嚴格，是一個眞的會乖乖聽從父母親指示的孩子。

事情發生在這個孩子考完高中那天。

多數孩子在考完之後，通常會一口氣放鬆開始玩，但是這個孩子卻問父母親：「我今天該念什麼書？」

親眼看到這個情況時，我嚇了一跳，也發現問題很大。

結果很可惜，這個孩子沒能考上第一志願的學校，不過我似乎明白原因。一言以蔽之，就是那個孩子「沒有在過自己的人生」。

不管是考試也好，念書也好，或者在其他任何事情上，那個孩子已經完全養**成「只會做爸媽交待的事情」的習慣，幾乎沒有「自我」**。

這種情況怎麼想都無法說是健全的人生。

懂得惡作劇，這樣剛剛好

能夠把念書、考試當作「自己的事情」面對的孩子，才能夠獨立，這種孩子考上目標學校的機率也比較高。

因此，我認爲孩子在某些程度上**不聽父母的話或是反抗，或是偶爾惡作劇，這樣比較好**。因爲這些行爲都是孩子最直接的訊息、信號，能夠訓練孩子走出自己的人生，而不是過著父母親要求的人生。

孩子不聽家長的話，或是惡作劇，或是撒謊說：「我去了補習班」、「我寫完功課了」，家長當然應該斥責。而且要嚴厲斥責。

但是，在罵小孩的同時，我希望父母親在心中也別忘了冷靜想想：「孩子會有這種程度的反抗，證明他有好好成長。」

什麼是「好孩子」無法解開的問題？

接著話題要轉到測驗上，國語考題等經常會舉「反抗家長的小孩故事」、「與朋友一起惡作劇被罵的故事」等，並且針對當時的狀況、心情等提出問題。但是，凡事順從父母親意見的所謂「好孩子」，本身沒有這類經驗，完全無法理解故事主角的心情。

因此某些程度上，孩子還是要像個孩子一樣反抗家長、惡作劇、偶爾惹事，才能夠成長。

圖 7

孩子會惡作劇，這樣剛剛好

孩子天生就不聽話。
家長可以把搗蛋或反抗當作孩子有「好好長大」的證明。

lesson 15

要先守時，到了念書時間才會念書！

我可以了解家長想像且期待孩子「到了念書時間，就會主動開始念書」。但是很可惜，這樣的孩子幾乎不存在。我到目前為止與許多孩子及他們的家長接觸過，卻也**沒聽過有人說：「我家小孩一到念書時間就會主動開始念書。」**話雖如此，我們仍然希望孩子願意主動念書；如果是準備考試的孩子，更必須懂得自主念書。

「管教」與「念書」的關係

這裡我希望各位記住的是：「別把管教和念書混為一談。」事實上，「到了固定時間就會自動開始念書」這是屬於管教的範疇。

早上在固定時間起床、遵守看電視或打電動的時間、固定幫忙做家事，如果孩子做不到這些日常生活中的「管教」，則不可能在固定時間自動自發念書。甚至於**孩子會因而討厭念書**。

想要孩子固定時間念書，首先從日常生活的「守時」、「守規矩」這些事情開始做起吧。

- 早上在固定時間起床。
- 出門前要確實準備，上學別遲到。
- 在固定時間看電視。

訂定這類日常生活的規矩並且確實遵守。**有了這樣的基礎之後，「一到念書時間就會去念書」的情況才有可能發生**。

一如我已經提過，孩子不聽父母親的話也是理所當然，反抗也是很自然的反應。儘管如此，家長還是要不停地叮嚀、管教孩子才行。

lesson 16

孩子不懂「自己察覺」，家長要把話說清楚

這世上的母親總是希望孩子「自己察覺」、「自己發現之後行動」。

比方說，假設「晚上八點固定是念書時間」，多數母親都會說：「快到八點了！」「已經八點了喲。」這種說話方式的背後隱藏「八點了，快去念書！」的意思在裡頭。

因爲家長以爲不直說：「快去念書。」只說：「快到八點了。」**也能夠表達出自己的意思，敦促孩子主動開始念書。**

然後，到了八點十五分的時候，家長就會生氣：「我們不是說好八點開始念書嗎?!」「你要確實做到！」

這種情況較常發生在母親身上，父親多半會直說：「八點了，快去念書。」

是不是有很多媽媽都會不自覺使用這種「希望孩子自己發現」的說話方式傳達意思呢？

遺憾的是，孩子不是母親期待的那種大人。小學生**不會「察覺說話內容背後的意義而自己主動念書」**。「希望孩子自己察覺」這個要到很久之後才會做到。

孩子完全無法領會「快到八點了」這種說話方式，站在他的立場只會覺得母親是一到八點十五分就「突然發火了」。

孩子是無論好壞都會模仿的生物，他因爲這樣的經驗，記住：「雖然說好八點開始念書，不過繼續打電動打十五分鐘也沒關係。」站在母親的立場，那十五分鐘是她希望孩子「自己察覺狀況，主動開始念書」的忍耐等待期，但孩子卻解釋爲「十五分鐘是緩衝期」。

因爲存在這樣的落差，所以我認爲**必須說清楚的事情就要直接明白地說出來**。

請告訴孩子：「我們說好八點開始念書，所以請把電視關掉，開始念書。」讓孩子準備念書吧。

lesson 17

絕對不可以對忘了寫功課的孩子說：「沒救了！」

孩子是很有趣的生物，只要父母或老師一說：「你眞厲害」、「你眞聰明」，就會逐漸變成那樣的孩子；如果大人們說：「你沒救了」、「你的成績沒有進步」，成績就眞的會逐漸下滑。

以專業理論來說，家長和老師如果總是態度正面，而且對孩子充滿期待的話，孩子也會回應大人的那些稱讚並逐漸成長，這種情況在心理學上稱爲「**畢馬龍效應**（Pygmalion Effect）」。

相反地，父母親老是說否定的話、表現出「反正你辦不到」這類不抱期待的態度對待孩子的話，孩子也會因此逐漸退步，稱爲「**格蘭效應**（Golem Effect）」。

「畢馬龍效應」、「格蘭效應」都是世界公認的研究成果。由此可知，家長和老師不使用否定的說話方式、表現正面肯定的態度有多重要。

我經常聽到的負面表達是：「你老是這樣！」在我的補習班裡也是，只要有孩子忘了寫作業被媽媽知道，媽媽就會說：「你爲什麼不好好寫作業呢？你老是這樣！」

別說「你老是這樣！」

母親說的固然是事實，但最好避免說：「你老是○○！」

忘記寫作業的情況當然經常發生，不過我認為比較妥當的訓斥方式是：「你為什麼沒有好好寫作業？下次會記得做吧？」必須教訓的地方要確實教訓，所以在我的補習班裡當然也會有嚴厲訓斥的情況。

但是，教訓的原因不是因為老是忘記寫作業，而是「你今天忘了寫作業，所以我要罵你」，別偏移了這個立場。假如家長或老師帶著「你這孩子老是會忘記寫作業」這種否定想法的話，孩子就會如你所願，按照你的負面期待長大。

同樣地，考卷發還後，有時母親會不自覺地說：「你真的很不會寫計算題」或是「你老是不會寫國字」。

因為母親很懂孩子，所以當然也很清楚「這個孩子不會寫計算題」、「這個孩子不擅長記國字」。

但是，我希望家長還要多花點心思想想這種事情應該怎麼說。

告訴孩子：「要學會！」

假設孩子不擅長計算題，只要仔細觀察，我想一定會發現：「他尤其不擅長分數的計算題，不過小數還可以。」

這種時候，我希望家長可以稍微改變說話方式：「你每天都在做小數計算題，所以很擅長小數計算題。如果你也每天做一點分數計算題的話，絕對會進步。」

父母親不採用否定的說話方式，而是**巧妙表達期待的話，孩子一定也會逐漸產生「是這樣嗎？」「這樣啊，只要我多多練習就會了嗎？」**的想法。

升上小學高年級或國中之後，父母親的表達方式也得跟著改變，不過在孩子還小的時候，父母親的說話方式會直接被孩子吸收、影響孩子的成長，因此請各位務必留心。

圖 8

利用畢馬龍效應培養孩子

✕ 格蘭效應

你很不會做計算題呢。
原來我不會做計算題啊。

➡ **使用負面的詞彙，會產生不良影響。**

○ 畢馬龍效應

只要每天努力，一定能夠辦到。
原來如此！我會加油！

➡ **使用正面的詞彙，孩子會逐漸成長。**

lesson 18

管教不需要合理！

我經營補習班，自然會遇到許多父母親問道：「該怎麼做，孩子的學業才會好呢？」「該怎麼做，孩子才會自動自發念書呢？」等問題。

其實，沒有「這樣做，孩子的學業就會好」的特效藥。但我認爲「確實管教」很重要。

本書已經重申多次，「在固定的時間念書」是很重要的習慣。但是要養成這個習慣之前，必須先訓練孩子「遵守約定的規矩」。

無法遵守「在固定的時間起床」或「看電視時間是七點到八點半爲止」等規矩，卻只要求孩子遵守念書時間，未免強人所難。

我認爲要用**「管教」訓練孩子去做「必須做」的事情**。

在這個世界上有許多教育理論主張：「叫孩子做事情必須充分解釋原因」，我不認爲這是錯誤的，只是，這樣的方式也有些漏洞。

凡事講道理，會養出喜歡強詞奪理的孩子

在我接觸過許多孩子的經驗中，我發現事實上**「管教過程凡事講道理的父母，愈容易養出喜歡強詞奪理的孩子」**。比方說，你告訴孩子：「做這道計算題。」孩子就會問：「爲什麼要做？」「考試會考嗎？」感覺沒完沒了。

對孩子說：「在走廊上走路要保持安靜。」孩子就會問：「爲什麼？」「什麼原因？」

對孩子說：「你要好好打招呼。」孩子就會回答：「這樣做有什麼意義？」「不做又不會怎麼樣。」

連帶的孩子也會強詞奪理說：「爲什麼有必要念書？」

因此，我希望父母親別太在意自己的要求合不合理，嚴格訓練孩子「這樣才是正確」、「必須這樣做」、「不可以這樣做」。

lesson 19

當孩子提出問題，家長要一起找答案

孩子會天眞無邪地提出許多大人難以回答的問題。例如：「爲什麼夕陽是紅色？」「爲什麼磁鐵會吸住鐵？」「爲什麼燈泡會發光？」等。

這種時候，多數父母親都會說：「自己去找答案。」這樣回答，一方面也是希望「孩子能夠懂得自己找答案」，不過心裡應該多少也有「我懶得找」的想法存在。我也經常聽到母親說：「孩子偏偏愛挑我正在忙的時候問個沒完……」

但是，如果你經常因爲覺得麻煩，**要孩子「自己去找答案」的話，幾乎可以確定孩子不會成爲懂得自己去找答案的人**。

因爲如果父母親覺得「找答案很麻煩」的話，孩子當然也會覺得麻煩，連找都不想找。

所以，在孩子的疑問之中，如果有家長能夠回答的問題，請毫不猶豫地立刻回答。母親當中也有許多人會對孩子說：「自己找答案很重要」，不過我認爲立刻回答更好。

先稱讚孩子懂得「提出疑問」

孩子懂得「提出疑問」這件事很重要。遇事就會立刻發問是很好的習慣。所以，父母親應該立刻回答：**「注意到那種地方，你眞棒。」稱讚孩子懂得提出疑問。**

我在上課中也會被問到出乎意料的問題，我會先對孩子說：「你會覺得那裡不可思議，眞敏銳。」「老師沒有想像到會是那樣，謝謝你。」藉此稱讚他們提問。

過去在上課時曾經聊到永晝。我說：「因爲地軸傾斜的關係，地球上有些地方的太陽不會西沉。」一位孩子就問道：「既然這樣，應該也有太陽不會升起的地區吧？那種情況叫什麼？」

聽到這麼犀利的問題，我感到很佩服。

於是我說：「你的看法很敏銳。理論上的確應該有太陽不會升起的地區。那種情況稱爲什麼呢？」我稱讚孩子提問，同時說：「我也不清楚，所以我會去查看看。」然後當場上網找答案。

於是知道了「永晝」的相反是「永夜」，並且把答案告訴所有人。

這個例子有兩個很重要的地方，一個是「孩子提出問題要稱讚」，另一個是

「一起找出不知道的答案」。

親子一同分享「找答案的樂趣」

回答孩子直白的問題很辛苦，不過我希望各位家長能夠**盡可能陪孩子一起找答案，「欸，原來是這樣啊，眞有意思呢。」共享知道答案的樂趣**。

家長當然也很忙，所以無法當場找答案的時候，也可以先說：「我現在要準備晚餐，有點忙，所以我們等一下再一起找答案吧。」

只要家長採取一同學習、享樂的態度面對孩子的問題，孩子漸漸就會模仿「找答案」這個行為。

圖 9

面對「爲什麼？」「什麼原因？」種種問題的方法

✕ 總是叫孩子「自己去找答案」。

媽媽現在很忙，你自己去找答案吧。
好。
算了，我不在乎答案了。

➡ **不再抱持疑問（好奇心）。**

○ 採取一同學習、享受的態度。

為什麼呢？我們一起試著找出答案吧？
好！

➡ **養成「找答案」的習慣。**

lesson 20

「快去念書」與「快出去玩」要視爲一組

孩子的壓力超乎大人的想像。除了念書之外，在學校的人際關係也會造成壓力。另外，或許也和家長的臉色有關。

不讓孩子出去活動身體的話，孩子無法消除壓力！

我希望父母親務必了解的是「孩子不出去活動身體，就無法消除壓力」。在**家裡看電視、打電動等休閒娛樂看似放鬆，事實上無法消除壓力。**

孩子還是應該要出去外頭曬曬太陽、吹吹風、活動身體。孩子不出門的話，就無法淨化心靈。

但是現在的孩子在外頭玩耍的時間明顯不足，原因包括「因爲外頭很危險」、「因爲他喜歡在家裡打電動」等等；外出時間不足的話，孩子就會逐漸累積壓力。

如果孩子在外面沒有一起玩耍的朋友，可以讓他參加接近大自然的旅行團，或是上運動社團、運動教室等，請給予孩子外出的機會。

如果孩子小時候沒有足夠在外遊玩的經驗，以後就會變成不知該如何消除壓力的大人。

這樣的孩子小時候不用說，長大後也會很辛苦，很有可能會出現心理問題，所以請盡量讓孩子出去玩吧。

只是散步也有效

到了準備上國中的小學六年級時期，課業也變得繁忙，出去玩的機會跟著減少。這種時候只是出門散步也可以，關鍵就在於巧妙製造外出的機會。

過去只要念書遇到瓶頸，我們理所當然就會出去外面走走，但是最近這樣做的孩子愈來愈少。請選擇安全的時段、地點，讓孩子出去玩。

躲貓貓的絕佳效用

另外，戶外遊戲囊括許多促進大腦成長的要素。

從前的孩子每個人都玩過「躲貓貓」。躲貓貓這種遊戲，即使自己已經躲好，被鬼看到還是算失敗了。站在大人的立場來看，這是理所當然的玩法，不過**「注意他人的視線」這一點，對於孩子來說是不可或缺的經驗**。

輪到自己當鬼時，我們會想像：「如果是我，會躲在哪裡？」表示也必須具備「哪裡方便躲藏？」的空間認知能力。

這種能力唯有出去玩才有機會磨練。

仔細回想看看，聰明、屬於點子王的孩子是不是都會躲在令人嚇一跳，說：「咦？居然躲在那種地方！」的場所呢？這種孩子擁有絕佳的空間認知能力、靈感與企劃能力。

家長要刻意「讓孩子出去玩」

我這樣主張，稍微極端的父母往往會以爲：「只要出去玩，腦袋就會變好。」

這樣就是過度解釋了。

任何事情最重要的是要講求平衡。讓孩子適度出去玩很重要，每天念書也很重要。讓孩子幫忙、管教孩子，這些當然也是不可少。

我希望各位記得把「讓孩子出去玩」也囊括在這些必要因素之中。

在現在這時代，孩子出去玩的機會已經大幅減少，我希望家長能夠刻意巧妙「營造機會」，讓孩子出去玩。

Chapter 3

Habits For Moms That Encourage
Kids To Study Hard Spontaneously

何種「家庭」能夠促進孩子發展？
差別在這裡！

或是「**必須讀完這本書**」。

善用圖書館

我認爲利用圖書館也是同樣情況。

家裡要擁有許多書的話，一方面很花錢，另一方面也需要擺書的空間，因此上圖書館借書當然也是好方法。

這種時候，與其借一兩本想看的書，我更建議借五本或十本感興趣的書。

家長只要一看到孩子拿著許多書，就會說：「那麼多你看得完嗎？」「兩個禮拜就得還了，你看不完吧？」其實**根本沒有必要在乎能否把書看完**。

看不完也無所謂。

借回來的五本書可能只看完兩本，剩下的三本書只是快速翻翻書頁瀏覽，這樣也可以。如果只是翻翻書頁，好奇心就冷卻了，直接把書還回去也沒關係；如果孩子因此產生：「我想要仔細閱讀」的想法，申請續借就好。

先從把書拿在手上開始

尤其在孩子還小的時候，可以擬定每週固定禮拜幾是去圖書館的日子，然後陪孩子一起去圖書館，這是不錯的方法。大量挑選孩子感到好奇的書，不管讀不讀都無所謂，下個禮拜再去圖書館接觸不同的書。

只要養成這種習慣，總有一天孩子會愛上書，也會開始看書。父母親的心裡或許會覺得：「如果可能的話，我希望他能夠閱讀這本書。」「我希望他能夠把買回家的書全部讀完。」但是，**「閱讀什麼樣的書」、「徹底閱讀到最後」這些是下一個階段才要做的事情，所以第一步先讓孩子盡情選擇喜歡的書，試著拿在手裡，這樣就夠了。**

lesson 22

超市和家居用品百貨是學習的寶庫！

與父親、母親一起上超市或去家居用品百貨採購，對孩子來說其實也是一種學習。

關心教育的家長經常問我：「是不是帶孩子去博物館比較好？」「是不是應該讓孩子去上科學實驗才藝班？」這些地方當然也有它的價值，不過只是去超市或家居用品百貨，也足以學到許多東西。

舉例來說，去超市時，問問孩子：「**你知道高麗菜和萵苣的不同嗎？**」孩子會思考：「哪裡不同？」進而觀察葉子的質感與大小、重量、顏色、柔軟度等各種要素。

像這樣只是觀察蔬菜的不同，也是相當有價值的學習。

更進一步，如果母親說：「**蘋果還是很貴呢**。」我想孩子會好奇：「蘋果爲什麼還是很貴呢？」這時就可以接著說：「因爲現在還不是產季。」「天氣再冷一點，到了蘋果的採收季節，價格就會便宜了。」「現在還是梨子比較便宜。」等，展開諸如此類的對話。

另外，「**電視新聞說今年秋刀魚很少，漁夫抓不太到，他們也很困擾。所以秋刀魚變貴了。**」聊聊這方面的話題也很好。

這些資訊對於會觀賞中午的資訊節目，或是平時常上超市購物的母親來說，全是些理所當然會知道的事情。

最近的考試也增加了這類結合日常生活與課本內容的課程，讓孩子可以耳濡目染，就能夠增添常識。

盡量多讓孩子動手

與超市一樣，家居用品百貨也是學習的寶庫。

舉例來說，家居用品百貨有許許多多的工具。見到不同於一般螺絲起子、前端呈現彎曲狀的工具時，**家長可以和孩子一起思考：「爲什麼這個尖端是彎的？」**

讓孩子在店裡進行各種思考很重要，也可由家長告訴孩子：「螺絲起子或手進不去的狹窄空間，只要用這個前端彎曲的工具，就能夠固定螺絲。其實這種工具的作用就是這樣。」

這種經驗很重要。**最近的孩子十分缺乏自己動手製作或修理東西的經驗**。過去的孩子還會自己動手做一些簡單的電焊，但是最近幾乎看不到有哪個孩子會自己動手做這種事。

無論是自然與生活科技也好，或是社會科也好，如果缺乏現場實際經驗，就無法感覺：「在學校和補習班學到的事物與實際生活相互接軌。」

不管從測驗的意義上來看，或是考慮到未來長遠的人生，缺乏生活經驗對於孩子來說絕非好事。站在「**結合日常生活與課本知識**」的角度上來說，也建議務必帶著孩子上超市或家居用品百貨，與孩子聊聊各種知識。

「今天要你幫忙的事情是陪媽媽一起去購物。」家長這樣自行決定也是一個方法。一起出門購物這種事情不可能每天都做，不過兩個禮拜一次、定期前往超市或家居用品百貨，應該能夠有更多發現。

圖 10

一起上超市或家居用品百貨吧

超市

家居用品百貨

「結合日常生活與課本知識」，對於孩子來說是很大的刺激。

lesson 23

散步也能夠學到許多事物！

前面已經提過超市與家居用品百貨，除此之外普通的散步，孩子也能夠學到許多。

比方說，去河堤散步時，**和孩子聊聊：「今年的櫻花十分漂亮。」也能夠教導孩子感覺四季**。

或者是看到路旁開著不知名的花朵，對孩子說：「這是什麼花呢？我們回家以後查查看吧？」再用手機拍下照片，也是很好的學習吧。

你能夠對孩子說明腳踏車的構造嗎？

念書、學習並非只是在書桌前翻開課本或題庫而已。「結合課本與日常生活」的觀念也深植在命題老師的心中，因此測驗上有愈來愈多這類問題。

比方說，**曾經考過「轉動腳踏車的踏板，腳踏車會如何前進呢？」這類問題，**

但是生活在大都市的孩子，有許多人甚至沒騎過腳踏車。

這樣的孩子無法想像：「一踩踏板的話，腳踏車會以什麼方式前進？」相反地，腳踏車的鏈條脫落時，曾經自己（或是與父親一起）動手修理的孩子，應該很熟悉腳踏車的構造。

更有趣的是，某間學校的測驗就曾經考過「將球棒立在手掌心，保持平衡」這種遊戲。

如果是十幾年前，每個人都曾經玩過將球棒或掃帚立在手掌心、保持平衡的遊戲。不曾玩過這個遊戲的話，在考題中問到：「該如何保持平衡呢？」考生也完全無法想像。

我認為這也是課本與日常生活距離太遠所造成的弊端。

希望家長盡量多陪孩子一同散步，與他多聊聊，同時刺激孩子的好奇心。

lesson 24

無須禁止漫畫或電視！

父母親經常問我：「應該讓孩子看漫畫或電視比較好？還是禁止他看比較好？」

以結論來說，我認爲「沒有必要禁止」。

原因主要有二：一是**從漫畫和電視也能夠得到有價值的資訊，再者就是許多作品都會提到各種領域的知識**。

確實掌握話題新聞

比方說，看電視新聞不但能夠了解世界動向，也能夠知道「火箭成功發射」、「金環日蝕」等資訊，這些是準備測驗時必備的一般知識。

許多命題老師出題時，會先想：「今年要出什麼問題好呢？」接下來當然會思考：「今年有哪些新聞？」「哪些標題成爲話題？」

「跨太平洋戰略經濟夥伴關係協議」成爲話題的話，試卷問題自然會圍繞這個話題打轉；「獅子座流星雨」成爲話題的話，也較容易出現相關的天體問題，這些都是想當然爾的情況。

如此想來，在電視或網路上接觸這類話題就變得十分重要。

觀賞歷史劇能夠提昇國語文閱讀與理解能力？

另外，電視、卡通、漫畫當中有所謂「常見的橋段」、「常見的主題」。過去，在我補習班有個男生表示：「我經常和家人一起看許多歷史劇。」他每個禮拜都觀賞歷史劇，因此看出故事的安排，也有助於提昇他的國語文閱讀能力。

我希望各位別有太極端的想法，以爲看了歷史劇之後，國語文就會很厲害，我不是這個意思。

我想表達的是，透過觀賞歷史劇，對於歷史的發展有概括的了解，或是看完《海賊王》的漫畫，培養出重視友情與體貼夥伴的心，都是理所當然的情況，對於人生和學習也有幫助。希望各位家長別抱持偏見，認爲：「看漫畫會變笨！」

並且禁止孩子接觸漫畫和卡通。

另外，觀賞吉卜力或迪士尼的動畫電影，了解**「故事的發展很好猜」、「又是常見的圓滿結局」**，也絕不是沒有意義的事情。

「隔絕不好的事物！」這樣做眞的好嗎？

一提到這類話題，接著會出現的問題就是：「應該由家長挑選作品給孩子看嗎？」

這個問題很難回答。我認爲「只給孩子看優良作品，徹底杜絕壞作品」這種做法太偏激。

這就是我認爲無須禁止孩子看電視、漫畫、卡通的第二個原因，因爲這個世界理所當然就是「善」、「惡」並存。

即使家長再怎麼禁止，孩子在某些程度上還是會看到。即使孩子小時候完全不會接觸，長大後還是必須面對社會的「善」與「惡」。

這就是現實。

別把孩子養在「溫室」裡

因此，我認爲家長完美分割出「這個是好的，這個是不好的」，將孩子養在溫室裡，也會成爲問題。讓孩子在某些程度上**接觸這個社會好的一面與不好的一面，才是最重要**。

政府已經畫出分界線，認爲「這是孩子可以看的作品，這是不好的作品」，家長可以參考這個分界線。

但是也別太過極端，請別忘了均衡培養的重要性。

lesson 25

與不同年紀的孩子交流

鄉下孩子聚在一塊兒玩耍在過去是相當常見的景象；五、六年級負責照顧一、二年級孩子也是很普遍的情況。然而到了現在，這種機會卻大幅減少，獨生子女愈來愈多，因此兄弟姊妹照顧老么的情況也變得罕見。

讓孩子照顧比自己年幼的小孩

但是，「照顧年幼小孩」對於孩子的成長來說很重要。

在我的補習班裡也有些孩子會讓人覺得：「這個孩子看來不像已經五年級」、「他如果能夠振作一點就好了」。不過他們**一旦有機會照顧年紀比較小的孩子，就會指導更小的孩子，說：「要好好打招呼喔！」「數學練習很重要，每天都要做。」**

看到這情況，我再度體認到：「只要身邊有比自己年幼的人在，人就會不斷成長。」

爲了創造這種寶貴機會，我希望家長下點功夫，讓孩子參加在地的兒童團體，或是加入男童軍、女童軍等。

在學習才藝的地方，體操教室、足球教室、劍道、柔道等運動相關的團體也多半是跨齡上課，因此孩子有機會「照顧年紀比自己小的孩子」。

「前輩」說的話要聽

另外，年紀較小的孩子往往會「觀摩年長的孩子」。年長的孩子、前輩的角色十分奇妙。有些孩子不肯聽父母親說的話，但**如果換成哥哥、姊姊或學長姊來說，馬上就會聽話。這種情況眞的很常見。**

看到男童軍的學長懂得打招呼、會尊敬年長者，孩子自然而然就會模仿。因爲這種學長姊與學弟妹的關係，孩子一旦參加過社團活動或童子軍等，成長的速度之快，連父母都驚訝。只是因爲身邊有「可以當作模範的前輩」、「憧憬嚮往的哥哥或姊姊」，孩子就會快速成長。親戚的哥哥也好、鄰居的學長姊也罷，家長請務必替孩子創造能夠接觸這些優秀前輩的機會。

某次的國語考題

順便補充一個與測驗有關的事情，在某間學校的國語閱讀測驗中，提到這樣的情節。

兄弟兩人爭著要看電視，最後哥哥退讓。請回答一直看著整個過程的母親是什麼心情。

首先，如果不了解哥哥和弟弟的關係的話，很難想像這種情況。然後哥哥讓弟弟選擇他想看的節目，如果不了解「年長與年幼」的關係的話，也很難理解此時的場景與情緒。

接著是這個題目的難處，答題者必須想像「一直看著整個過程的母親是什麼心情」。

看到哥哥退讓，母親應該會覺得高興或覺得可憐。實在很難想像。

可以確定的是，命題的老師一定也認爲：**「日常生活的經驗很重要」**、**「希望同學也將這份經驗運用在學習上」**。

圖 11

與「不同年齡的孩子」交流

**不管是年長
或年幼，
都與孩子的
成長有關。**

lesson 26

說話要有頭有尾

在多數場合，小孩子說話往往不得要領。

「今天，在學校，有花壇，有鬱金香。然後校長來了……」大概就像這樣，很難聽懂他想要表達什麼。

不過父母親因爲早已習慣孩子這種溝通方式，所以會搶先一步問：「然後校長稱讚花壇嗎？」孩子就會回答：「對，非常稱讚。」因此就能夠對話。

可是，我希望家長在這種時候應該盡量別搶先一步說話，讓孩子自己從頭到尾把話說完。當然這裡的「從頭到尾把話說完」不是期待有什麼笑點，而是希望讓孩子**「完整表達」**。

舉例來說，父母親問：「然後校長怎麼了？」孩子或許會說：「校長稱讚我了。」

如此一來就能夠養成孩子把「我今天打造了花壇，在花壇裡種了鬱金香，因此得到校長稱讚」這整段內容完整說完的習慣。

這類溝通是提昇國語文能力最有效的方法。

讓孩子練習說：「我忘了帶橡皮擦，請借我。」

在我的補習班裡，忘了帶橡皮擦的孩子可以找工作人員借。不過這種時候，如果孩子只說：「橡皮擦。」工作人員就會反問：「橡皮擦怎麼了？」

一聽到孩子說「橡皮擦」，工作人員馬上就知道他是想要借橡皮擦。但是如果在這個時候**大人太機靈的話，孩子就無法練習把話說完**。

這種時候反問：「橡皮擦怎麼了？」能夠讓孩子說出：「我忘了帶橡皮擦，請借我。」

聊個題外話，我們補習班的工作人員對於這種訓練，有人表示：「我真希望自己教小孩的時候也知道要這樣做。」

lesson 27

什麼都幫孩子做好，會妨礙孩子獨立

家長與孩子相處太機靈的話，不是好事。

經常看到的情況是，補習班發給孩子講義時，孩子會把講義揉成一團塞進書包裡。等到母親來接孩子時，就會罵孩子：「老師發的講義怎麼可以揉成這樣！」

當然，到這裡還是正確的處理方式。

但是，罵孩子：「怎麼可以把講義揉成這樣！」的母親之中，有些人會連忙就動手把講義壓平。

一看到這種情況，我會說：「這位媽媽，請讓孩子自己把講義復原吧。」原因在於這種**「什麼都幫孩子做好的家長」**會妨礙孩子獨立。

這種情況不只發生在講義上，孩子從口袋裡拿出手帕之後，母親會說：「你眞邋遢，要收好啊。」一邊幫他收起手帕。這樣做，孩子無論長到多大，都不會好好注意自己的儀表。

早上準備出門時，家長會說：「來，快點吃早餐。」「差不多該換衣服了，記得帶書包。」「再次確認你有沒有忘了帶課本！」等等，總之就是各方面都替孩子顧及了。

站在母親的立場，她認爲不可以放任孩子散漫，所以理所當然會替他顧及各方面。

六歲之後，讓孩子獨立

問題是，如果老是這樣，孩子眞的無法獨立。我希望各位家長記住的是，等孩子到了六～十歲左右，就差不多該讓孩子獨立了。

進入小學之前，孩子的各種生活大小事都是由家長幫忙處理好。因爲孩子在這個階段還不是能夠獨立的年紀，所以這樣做不會造成什麼問題。但是**進入小學之後，請家長要改變觀念，「逐漸讓孩子自己動手」**。

lesson 28

糾正不好的口頭禪！

我認爲遣詞用字對於孩子來說是很重要的問題。一方面當然教養有關，另一方面，「使用什麼樣的詞彙表現自己的想法」也與國語文能力有關係。

話雖如此，最近大人自己說話也亂用詞彙，因此很難提醒並改正孩子的用詞。但是老師和家長不能就此放棄，每次聽到不好的詞彙就必須有耐性地提醒孩子：「不可以講那個字。」

最近小孩的口頭禪裡有幾個讓人覺得「不太好」，其中最具代表性的就是「**挫賽**」。

不管好事壞事都說「挫賽」，這完全是受到大人的影響。因爲不管大人小孩，做什麼事情失敗的話，會說「挫賽」；吃到好吃的東西也會說：「好吃到挫賽。」

如果這只是一時流行也就算了，但是所有感覺都用「挫賽」表達的話，對於應該要學習詞彙和表達方式的孩子來說，是非常不好的情況。

儘管無論怎麼提醒，孩子只要和朋友在一起就會說「挫賽」，我還是希望孩子至少知道「還有其他形容方式」，變成懂得適時適地使用詞彙的大人。

孩子如果在父母親面前說「挫賽」的話，家長請務必有耐性地提醒孩子：「別再說『挫賽』這個詞了」或「『好吃』就說『好吃』」。

其他一些令人擔心的口頭禪大概就是**「低級」**、**「煩咧」**這一類。

當我一說：「接下來要考試嘍。」孩子們會反射動作說：「咦！煩咧！」這種時候我會提醒他們：「怎麼會說煩咧？考試是理所當然的啊。」

我希望家長多費心注意孩子的口頭禪，同時也希望家長自己要用正確的詞彙好好說話。

lesson 29

學才藝的價值在於「再辛苦也能夠持續的經驗」

「是不是該讓孩子去學很多才藝比較好呢？」這也是父母親經常問我的問題之一。

這世上有許多才藝，也有很多孩子報名兩個以上的才藝教室。最受歡迎的類型包括棒球、足球、芭蕾等運動類，電子琴、鋼琴、小提琴等音樂類，此外還有英語會話、書法等，種類十分多樣。

以結論來說，**沒有必要讓孩子學許多才藝**。一般做法是等到孩子自己說想學、無須擔心時間、體力、經濟方面的話，再讓他學。

但是，談到現實問題，即使讓孩子去上足球教室，也不是每個孩子都會變成足球選手。不是從小學小提琴，將來就會變成小提琴家，更不見得會成爲小提琴老師。

學才藝不能保證孩子會成爲世界一流的人才或專家。

重點在於「持續」

儘管如此，我認爲學才藝還是有其價値，因爲孩子能夠累積「再辛苦、難受、麻煩，也要持續下去」的經驗。

有些母親說：「我讓我家孩子去上小提琴、游泳、英語會話、書法，可是他太忙了，已經到了非得重新調整不可的地步。」這樣子就是本末倒置了。**最不好的做法就是無論如何先學再說，之後再慢慢刪減**。

我不認爲學習才藝有好壞之分，無論學什麼才藝，最重要的都是持續下去。「一直持續到現在」這種經驗必然存在莫大的價値。

孩子長大後就會遇到許多「不想做卻非做不可」的事情。因此家長也應該盡可能讓孩子將已經開始學習的才藝持續下去，當作預演。

Chapter 4

Habits For Moms That Encourage Kids To Study Hard Spontaneously

成績一定會提昇！十一個學習魔法

lesson 30

只要「閱讀、書寫、珠算」就夠了！

家有小學生，而且是低年級學生的父母親經常問我：「我應該讓孩子練習些什麼才好呢？」

這種時候我會回答：「請確實要求孩子的閱讀、書寫、珠算能力。」**閱讀是讀懂故事的能力；書寫是記住並寫出詞彙與國字的能力；珠算指的不是真的使用算盤，而是正確且快速計算的能力。**

小學三～四年級要建立扎實的基礎

小學三～四年級之前要正確確實培養「閱讀、書寫、珠算」的能力，這樣子接下來才會逐漸成長。

但是，一般父母親總是希望孩子「提前學習」，所以讓孩子做國中測驗會出的數學問答題、應用題，或是國語的閱讀測驗。我明白父母親的目的，是希望孩子「會做數學問答題」、「養成文章理解能力」。

再加上最近坊間出現專爲低年級製作、鎖定「問答題、閱讀測驗」的題庫，家長也許會從認識的媽媽們口中聽到：「我現在讓孩子寫問答題。」「沒有從小就讓孩子寫閱讀測驗的話，孩子就無法養成文章理解能力。」等等消息，於是也跟著緊張，認爲：「我家孩子也應該要寫。」

別一開始就讓孩子寫問答題、閱讀測驗

但是，請各位別被這些消息誘惑了。

沒有必要從小學低年級開始做問答題、閱讀測驗。甚至是別讓孩子做比較好。這段時期應該進行的訓練是「閱讀、書寫、珠算」，有這些就夠了。

我告訴各位原因。首先是因爲**應付問答題、閱讀測驗「需要的能力」**太多了。面對一個問題，必須使出理解文章的能力、找出並分析異同的能力、計算能力等，這麼多種能力找出解答，這等於是要求孩子十項全能。

問題是，低年級的孩子尚未擁有這麼多能力。

再說也不可能只憑做一個問題，就有辦法讓這麼多能力成長。

仔細發展每個能力

對於這段時期的孩子來說，眞正需要的是「磨練閱讀故事的能力」、「記住及書寫詞彙與國字的能力」、「正確且快速計算的能力」等，分別訓練這些能力之後，再一一促使成長。

第一步是將「需要的能力」拆解開來一一訓練。在這個階段，我希望父母親別太焦急，只要養成基礎能力與念書習慣的話，孩子一定會成長。

圖 12

小學低年級時，
只要「閱讀、書寫、珠算」就夠了！

閱讀＝讀懂故事的能力

書寫＝記住、會寫詞彙
與國字的能力

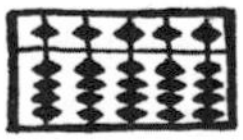

珠算＝正確且快速計算
的能力

只要擁有這三個基礎，
孩子一定會成長！

lesson 31

別用提前學習剝奪孩子的成就感

第一章曾經提過，爲了培養孩子「我很拿手」的感覺，可以稍微超前一點學習。事實上在小學一年級的時候，如果會簡單的加法、減法，就足以讓孩子覺得「我很拿手」了。

但是，這裡希望各位注意的是，**並非「提前學習就是好」**。因爲孩子有所謂的「學習時機」。

比如說，自然與生活科技課會學到「星星在一個晚上之內會移動位置」。看看夜空就會發現，星星的確不會待在同一個地方，星星會移動。

但是我們早就知道事實上「不是星星在移動，而是地球在旋轉」。於是，多數家長忍不住就會告訴子女：「其實啊，不是星星在動，而是地球在動。」我十分了解家長這麼做的心情。不過這種情況下，我反而希望各位別把眞相告訴總是在學習新事物的孩子。

因爲這麼做，就會剝奪孩子將來學到、發現答案時大喊：「我懂了！」的感動。

孩子在小學二年級時以爲「星星在動」，到了四、五年級時知道「其實在動的是地球」時，才能夠第一次感受學到新知識的感動。

這就是孩子的「學習時機」。

大人認爲：「因爲正確答案是這樣」、「因爲事先知道這一點比較好」，所以往往不小心就提前告訴了孩子，但是孩子不一定需要這些。

別提早教孩子解題技巧

再舉另一個例子。在一個數學問題裡出現「立體圖形的展開圖」，題目問：「組合這個展開圖時，與A點相連的是哪一點？」

這個問題其實有個簡單的解題技巧。

只要使用那個技巧，無須想像立體圖形，一眨眼就能夠解開答案了。不過如果一開始就使用這種解題技巧，孩子無法眞正練習他所需要的圖形概念。

「與這一點相連的是哪一點呢……」「組合時，這裡和這裡相連接，所以……」孩子會想像各種情況，在失敗中培養出圖形的概念與空間想像力。

等他這樣辛苦一陣子之後，家長再告訴孩子技巧：「這樣做，很容易就能夠解開。」孩子就會感動地認爲：「原來如此，只要這樣思考就行了呀。」並且充分了解這項技巧的意義與價值。這對於孩子來說是「必要的過程」，也是「應該學習的時機」。

家長把自己的知識教導給孩子絕不是壞事，在日常生活中多多進行與課業有關的溝通也很重要。

但我希望各位父母親別忘了想想：「這樣學習會不會超前太多？」「這樣會不會剝奪孩子的學習樂趣？」

提前學習也有好處，在某些領域爲了培養孩子的「成就感」，反而比較建議提前學習。詳情我們到第五章再談。

圖13

別用提前學習剝奪學習的樂趣

CASE 孩子在做數學問題時

首先讓孩子自己多多嘗試。
別一開始就教他技巧性的東西。

lesson 32

訓練「閱讀」能力最重要的是朗讀

我不斷提到「閱讀、書寫、珠算」的重要性，因此接下來我想具體說明念書方法。

首先是「閱讀」。「閱讀」是指閱讀一般書籍或課本，更重要的是要朗讀書本內容。**家長只要看到孩子看書或課本就會感到放心，但事實上不應該如此。**

年幼的孩子無法正確念出內容

小學低年級左右的孩子本來就無法讀完整本書。他們會跳著讀，或是反覆看同一行，有時甚至明白了內容之後，就會隔行閱讀。

儘管如此，讀著讀著也能夠不自覺掌握內容，所以當事人也樂於採用這種方式看書。

這種方式算不上是「具備閱讀能力」。

因此我建議採用的方式是「朗讀書本內容」，讓孩子把書本內容大聲念給父母親聽。我希望家長能夠重視這個過程。

朗讀的重點在這裡！

我認爲家長應該聽聽孩子朗讀，確認孩子是否會念每個詞彙、是否懂得斷句、是否知道引號裡頭是人物的對話。

國語文教育需要的是用自己的眼睛、嘴巴、耳朵感受國語文的節奏。話雖如此，孩子不可能一開始就懂「正確的朗讀方式」，所以請父母親帶著情感、放慢速度、仔細朗讀給孩子聽。

母親示範：「要像這樣念。」並且讓孩子盡量朝著目標練習。這樣做就足以磨練國語文的語感。

朗讀過程中，如果遇到不會念的單字、不明白意思的詞彙，請家長立刻告訴孩子答案，不需要一邊朗讀一邊叫孩子查字典。

重點在於透過朗讀感受語言的節奏。如果要查意思的話，可在朗讀完畢之後再進行。

反覆朗讀很久以前的文學作品或古代經典等，念到足以背下來的程度剛剛好。

如果使用的是學校的課本，先朗讀目前課堂上已經學過的部份還不成問題，但如果先念後面的內容，就會遇到超前學習的問題。

「我不曉得該讓孩子朗讀什麼書？」這種時候，爲了避免提前學習，我建議可改用其他教科書當作朗讀的材料。如果書店可以買到其他學校的教科書，就買回家朗讀。教科書已經嚴格篩選過適合這個年紀孩子閱讀的作品，因此可以放心給孩子閱讀。

課本之外的推薦圖書

除了課本之外，我在一三〇～一三一頁的「適合不同年齡孩子的朗讀清單」中也介紹了幾本一般圖書，提供各位作爲參考。這些只是當作目標，絕不是只有小學三年級才能閱讀《黑貓魯道夫》系列這回事。即使是小學二年級的孩子，只要喜歡國語文和朗讀，都歡迎盡量多多閱讀。如果遇到「我家孩子不太習慣朗讀」的情況，可以考慮爲孩子選擇適合較低年級閱讀的圖書。

多聽孩子朗讀

除了讓孩子朗讀之外，父母親朗讀書本內容給低年級的孩子聽，也有很重要的價值。

我相信每個家庭的孩子，小時候都曾經聽父母親朗讀，不過這情況多半在孩子上小學之後就停止。

可是，**爲了以自然的形式讓孩子懂得正確的國語文節奏與情感表現，家長應該要朗讀給孩子聽，這點很重要**。請教國語成績很好的孩子（或是這些孩子的家長），會朗讀給孩子聽的家長在其中佔了很大的比例。

每天朗讀太辛苦，所以每週一、兩天即可，養成這種習慣對於國語文教育也十分有意義。

適合不同年齡孩子的朗讀清單

小學一年級

《活了一百萬次的貓》佐野洋子／圖．文
（講談社）（繁體中文版：上誼文化）
＊故事發展簡單易懂且插畫精良。親子便於互相確認了解與否。

《不不幼兒園》中川李枝子／文；大村百合子／圖
（福音館書店）（繁體中文版：信誼基金出版社）
＊設定上有些神奇，不過孩子們容易接受。

小學二年級

《我爸爸的龍》露絲．史提爾斯．加內特／圖．文
（福音館書店）（繁體中文版收錄在《艾摩與小飛龍的奇遇記》一書中，晨星出版）
＊希望親子能夠針對艾摩擁有的物品與故事的關係進行討論。

小學三年級

《大偵探奈特系列》瑪格莉．沙爾瑪／文
（大日本圖書）（繁體中文版：上誼文化）
＊一邊閱讀一邊破解詭計。從兒童的角度撰寫的作品，因此很容易融入其中。

《龍龍與忠狗》薇達／文
（講談社青鳥文庫）（繁體中文版是寂天出版的中英對照改寫版）
＊故事輕快美好，不過有些難度，搭配動畫欣賞更容易理解。

《黑貓魯道夫1：魯道夫與可多樂》齊藤洋／文；杉浦範茂／圖
（講談社）（繁體中文版：親子天下出版）
＊描寫「尊敬別人」、「站在中立的角度看事物」的故事。

圖 14

小學四年級

《紅蠟燭與人魚》小川未明／文
（偕成社）（繁體中文版：小魯文化）
＊作品描寫父母心，以及人世的難處。

《長腿叔叔》珍・韋伯斯特／文
（偕成社文庫）（很多出版社出過繁體中文版，其中台灣東方出版社的版本屬於兒童讀物）
＊內容以書信文為主。用朗讀的方式閱讀，更能夠了解並享受本書的幽默。

小學五年級

《巧克力戰爭》大石真／文；北田卓史／圖
（理論社）（繁體中文版：小魯文化）
＊以朗讀來說，內容稍嫌太長，不過大人與小孩、朋友關係等各式各樣的要素都囊括在其中。

《勇闖宇宙首部曲：卡斯摩的祕密》史蒂芬・霍金、露西・霍金／文
（岩崎書店）（繁體中文版：時報出版）
＊以童話故事的筆法描寫宇宙形成，能夠吸引孩子興趣的作品。

小學六年級

《最後的演講》蘭迪・鮑許、傑弗利・札斯洛／文
（SOFTBANK 文庫）（繁體中文版：方智出版社）
＊以強有力的字句講述人生。希望各位務必朗讀出聲。

《最後一片葉子》歐亨利／文
（岩波少年文庫）（繁體中文版：格林文化）
＊討論活著的重要性。希望各位分別從少女和畫家的角度欣賞本作品。

《麥田捕手》沙林傑／文
（白水社）（繁體中文：麥田出版）
＊主角朋友的個性各有不同，豐富多變。描寫少年心理的作品。

lesson

33 絕不「事先提醒」孩子避開失敗

這一點家長、學校老師、補習班老師都一樣，總會事先想到：「孩子在這裡似乎會出錯。」所以不自覺會提醒孩子注意。

在上課等場合也經常有老師會事先提醒：「這一題容易在這個地方出錯，必須留意。」這樣做是天大的錯誤。

我們必須讓孩子多多失敗、多多犯錯。

人類的記憶對於一帆風順的事情不會留下印象，只會對於「啊啊，我這裡弄錯了！」「經常出現這種錯誤。」等情形印象深刻。

我自己在課堂上用黑板解數學題時，也會故意挑選容易出錯的問題假裝算錯；算到一半算錯了，所以不管怎麼算，最後的答案都不對。我假裝很傷腦筋：「怪了，爲什麼答案不對呢……」等著孩子糾正。

孩子最喜歡找出大人的錯誤，所以他們會拚命尋找：「究竟是哪裡出錯呢？」

如此一來，眾人對於錯誤的地方就會留下強烈印象了。

錯誤會永遠留在記憶裡

過去曾有一位學生拿著入學測驗出過的題目來找我，說：「老師，這題能不能解給我看？」我當場解給他看，他說：「咦？老師，我還以爲你這裡會算錯，結果沒錯耶。」

「你爲什麼覺得會算錯？」我一問，他回答：「因爲老師之前上課時曾經在這裡出錯。」

我在課堂上故意弄錯的地方，對於這個孩子來說印象深刻，他一直記得。「錯誤」在心裡留下的印象就是這麼強烈。

陪孩子一起念書時，即使覺得「這裡他可能會弄錯」、「他在這裡一定會出錯」也別事先告訴孩子，請放手讓孩子失敗。提醒孩子避開失敗的做法乍看之下親切，其實是剝奪了孩子的學習機會。

lesson 34

常說：「也教教媽媽？」讓孩子扮演老師

我認爲孩子在學習上最有效的方法不是「教導他」，而是「讓他教導別人」。「師生」、「親子」這種關係往往會發展成「單方面教導」的形式，這不是什麼好現象。

因爲**孩子唯有在「教導別人時」才會更進一步成長**。

試著對孩子說：「也教教媽媽？」

在家裡念書時，孩子如果解開了某個問題，你問問他：「可以教媽媽怎麼解嗎？」這個舉動很重要。

這種做法等孩子上了高年級之後較難執行，不過低年級的時候，孩子通常會很樂意指導母親。

此時母親如果開心說：**「原來是這樣解啊，你眞厲害！」**或是**「原來是這麼一回事，好有趣喔！」孩子也會教得更起勁。**

在補習班裡，我也會讓學生互相教學當作獎勵。

因此班上經常出現擅長自然與生活科技的孩子教導朋友自然與生活科技；被教的孩子如果國語拿手的話，就以教導對方國語做爲交換。

當然這些情況我只是遠觀，並且若無其事地觀察：「有沒有教錯呢？」教導別人這件事情存在重要的價值，所以我告訴孩子們要多去做。

有時他們認爲：「比起互相教導的解法，還有更好的解法」時，教人的孩子就會像在玩傳話遊戲一樣，說：「還有這種解題方式，你也教教○○同學吧。」

或是在課堂上，我一問：「這個題目有沒有人知道怎麼解？」如果有孩子知道，我就會讓他來爲各位說明。

聽完他的說明之後，我會再度問問大家：「剛才的說明聽懂了嗎？」當然現場有些人「聽懂」，有些人「聽不懂」，這次就換「聽懂」的人解釋給不懂的人聽。

我在建立「教學連鎖」。

養成讓孩子說明的習慣

我希望每個家庭都能養成「讓孩子自己說明」的習慣。

放學回家後，母親只要問問孩子：「今天學了什麼？」這樣就夠了。

別一整晚都是正經八百的念書時間，最好能夠花個五分鐘、十分鐘陪孩子聊聊「今天在學校學了什麼」。**只要母親一說：「原來學了那些啊，你眞棒！」「下次學到新東西時，記得教媽媽！」孩子就會認眞聽課，心想：「我要解釋給媽媽聽。」**

這種情況最糟糕的反應就是父母親反過來教孩子，對孩子說：「如果是那樣，還有這種例子。」「那麼，你知道這個嗎？」

我要再次重申，重要的不是要「教會」孩子什麼，而是要讓孩子站在教導他人的立場自己說明。

圖15

讓孩子當老師

教導他人，能夠幫助孩子把知識深植在心中。

最長也應該每五十分鐘休息一次

其中一個原因是，**孩子的專注力天生無法持久**。低年級孩子的極限是三十～四十分鐘；高年級孩子最好也只到五十分鐘就該休息。所以學校是每四十五或五十分鐘上完一堂課就下課休息一次。

孩子的適應能力很強，一旦必須念書一個小時或一個半小時，為了忍耐長時間學習，本能上就會降低專注力、變得散漫。為了避免這種情況發生，我認為最好念四十～四十五分鐘的書就休息。

順便補充一點，準備國中入學的高年級孩子，每天只念四十分鐘的書實在不夠，所以最好能夠每四十～四十五分鐘休息一次、分二～三次念書。這種時候也不能連續一直讀書不休息。讓腦袋和身體暫時休息一下很重要。

避免「昨天很努力了，所以今天休息一天！」的情況發生

另一個原因是為了避免養成「今天做了許多，所以明天不做也沒關係」這種習慣。

一如我不斷重申，重點在於「每天持續」。

一旦出現「我今天心情好，我要多念一點！」的情況，就一定會有「今天心情不好，所以不想念書」的情況。不管是大人或小孩同樣都有心情高低潮。

問題是一旦因爲心情不好而改變念書時間，就會養成「心情好的日子多念一點，心情不好的日子就不念書」的壞習慣。如此一來，以結果來說，孩子只會愈來愈不願意念書。

爲了避免這種情況發生，最重要的是別讓孩子長時間念書，而且每天都要持續念，即使只有一點點也好。

lesson 36

選擇十題裡頭會做對八～九題的題庫

「應該讓孩子做哪一種題庫才好呢？」

這也是我經常被問到的問題。最近的題庫種類也相當多樣，市面上有許多不同等級的內容。

關於題庫的選擇，我總是這樣說：「請選擇十題裡有八～九題都會做的題庫。」**念書這種事是動手練習比動腦思考更重要**。請讓孩子養成這種習慣。

不過，許多家長一看到孩子乖乖動腦思考，就放心了。只要孩子對著課本或題庫沉思，感覺就像是在念書，家長就會期待孩子的思考能力能夠提昇。

可是眞正懂得念書的孩子，反而在面對問題時會動手試寫看看。

最近的孩子習慣選擇乍看之下「會做」的題目進行練習，只要一瞬間覺得問題「看不懂、不曉得怎麼做」就會放棄，並對老師說：「老師，我不知道。」這種情況似乎愈來愈常見。

不管懂不懂，總而言之先動手，否則不會培養出嘗試錯誤的勇氣。

「既然這樣，應該給孩子稍微難一點的題庫，讓他習慣失敗，這樣不是更好嗎？」有些父母親應該會這麼想吧。

這種觀念完全錯誤。

養成「念書＝動手」的習慣

先給孩子能夠解開八、九成問題的題庫，讓孩子養成「一看到題目就立刻動手開始解題」的習慣，這點很重要。如此一來，**孩子就會培養出「念書＝動手」的感覺，面對題目時，也不害怕寫錯，寫錯就擦掉重寫**。

在課堂上，爲了訓練孩子「不怕寫錯，寫錯就擦掉重寫」，我會玩猜謎遊戲，而且不會給他們時間慢慢思考，而是告訴他們：「總之想到什麼就寫下來，覺得不對就擦掉重寫。」必須這樣反覆多次才能夠解開謎語。

補習班的資深同學已經習慣這種感覺，因此即使當下無法解開問題，也會動手試試，然後擦掉重寫。但是剛加入我們的孩子果然不出所料，一看到問題的下一秒就會說：「老師，我不知道。」

有趣的是，此時隔壁的孩子就會告訴他：「不知道也沒關係，隨便寫點什麼吧。」學習時，這種感覺十分重要。

希望認爲「所謂學習，是必須仔細思考，找出答案」的父母親務必改變觀念。

思考固然重要，不過在孩子還小的時候，更重要的是養成「動手學習的習慣」。在這層意義上來說，選擇題庫時，請選擇孩子能夠從十題之中答對八～九題的題庫。

孩子能夠解開多少？親手做了多少？挑選題庫時看清楚這些要素很重要。

圖 16

選擇十題之中能夠解出八～九題的題庫

一開始給孩子太難的題庫

給孩子十題之中能夠解出八～九題的題庫

養成「念書＝動手」的習慣，
困難的問題也能夠解決。

訓練孩子「想要多背一點！」

舉例來說，喜歡歷史的孩子如果能夠「記住多位戰國時代武將」，這樣很好。家長或許希望「孩子記住與課業有關的東西」，但是更重要的是「記憶力」。戰國時代武將、恐龍、鐵路、昆蟲等孩子感興趣的事物一定會對課業有幫助。

家長別太著急，當孩子記住這些東西時，稱讚他們：「你記得啊，眞厲害！」「那個恐龍怎麼不一樣呢？」用這種方式**培養孩子產生「想要多背一點」的念頭**。

圖 17

不可以輕視「死背書」

POINT 「記憶力」不只自然與生活科技和社會科需要，數學上也需要

即使與課業沒有直接關係，只要孩子記住了什麼，家長應該盡量多稱讚！

lesson 38

教你四大最強記憶法

既然提到背書，我想順便談談記憶法。

人類天生就會忘記曾經記住的事物。德國心理學家赫爾曼．艾賓浩斯（Hermann Ebbinghaus）主張的「艾賓浩斯遺忘曲線」顯示，曾經記住的事物會在一個小時之後忘記百分之五十六，一天之後忘記百分之七十四，一週之後忘記百分之七十七。

人類會忘記的事情有這麼多。

因此，我第一個想推薦的記憶法是「**複習曾經記住的事物，幫助記憶定型**」。

複習幫助記憶定型

我希望各位能夠分別在「學校或補習班下課回家後」、「隔天」、「一週之後」複習曾經記住的內容，幫助記憶徹底在腦子裡定型。

舉例來說，在補習班學到新東西後，可利用與母親一起走路回家的途中，花個五分鐘左右複習今天學了什麼。光是這樣做，就能夠改變記憶定型的程度。只要父母親問孩子一句：「今天的數學課學了『雞兔同籠』啊。要怎麼算呢？」這樣就夠了。

這點小習慣，能夠在記憶定型上發揮很大的效果。

更具體一點的記憶方式就是，背完年號、國字、地理特產等內容之後，隔天再複習一次，然後一週之後再複習一次。

讓孩子「手寫記憶」

第二個記憶法要介紹的是「寫下來」。

孩子的記性比大人好。話雖如此，光用眼睛記的話，還是很快就會忘記。假設想要記住「一九四五年波茨坦宣言」，就在筆記本上多寫幾次。一旦有「手寫記憶」的感覺，記憶就會定型。

另外，練習寫國字時，不能光只是寫國字，利用相關文章練習的話，效果會更好。孩子很容易發懶，所以實際執行相當困難，不過如果**別讓孩子只練習寫「推**

移」兩個字，而是練習寫「成績的推移」，更能夠提昇效果。

嘗試畫插畫或圖表

我想推薦的第三個記憶法是，**看過自然與生活科技或社會科課本中出現的圖片或圖表之後，闔上課本，靠記憶在筆記本上重現**。

課本上如果有蚱蜢的插圖或照片的話，記住它，然後盡量忠實重現。此時，能夠正確重現腳的數量、位置、翅膀位置等的孩子，成績也會逐漸提昇。

順便補充一點，有個學校曾經考過這樣的測驗題：「請從以下圖畫中選出正確答案」。題目中會出現約十張相似的蚱蜢插圖。實際看看插圖就會發現「腳和翅膀的位置不同」等，差異十分些微，必須判斷出何者才是正確答案。

這類問題對於大人來說也很困難。但是遇到這類問題時，只要曾經練習過「記住課本上的圖畫之後，自己試著畫一遍」的孩子，就能夠輕鬆過關。

所以，請務必讓孩子多多練習「畫出課本上的獵戶座」或是「畫出雄蕊和雌蕊的位置」等訓練。

製作年表，貼在廁所裡

最後我想推薦的記憶方法是「和孩子一起製作年表」。

假設決定製作清朝的年表，家長可以準備一張較大的紙，和孩子一起製作。此時的訣竅就是要像在辦活動一樣，告訴孩子：「年表完成後要貼在廁所裡，所以我們必須做漂亮一點」或「這是要公開的，所以要好好做」。

其實在我們補習班裡，我對孩子們說：「這個年表做好後要貼在牆上，請大家好好做！」孩子就會變得很認真，寫字也變得比平常更謹慎。

以這種認真的態度進行，不僅孩子會樂在其中，也能夠提高學習效果。

lesson

39

功課愈好的孩子，筆記愈亂

談到念書的方法，偶爾有人問我：「該怎麼寫筆記才好呢？」近年來，「台大生是這樣做筆記」等等主題的書籍紛紛出版，因此「做筆記的方法」也成了矚目的焦點。

根據我接觸過許多孩子的經驗，我認爲「筆記寫得漂亮的孩子」不見得就是「學力高的孩子」。

反而愈會念書的孩子，因爲憑著直覺寫筆記，所以筆記本內容亂到甚至很難委婉稱讚「整理得很漂亮」。

但我認爲這樣很好。因爲**筆記本是便條紙，也是計算紙**。

例如：寫數學題時，完全不需要「左頁工工整整寫上題目，計算和算式寫在右頁」這樣循規蹈矩地使用筆記本。雜亂也不要緊，總之動手計算就對了。這種時候的筆記本可以當作是便條紙與計算紙。

家長經常對孩子說：「筆記要寫漂亮」、「內容必須整理好」，但是**比起筆**

記本寫得很漂亮，盡可能多解幾個問題，才更能夠提昇學力。

除了數學之外，我認爲在自然與生活科技和社會科上也同樣採取「覺得重要就隨手寫下來」的態度使用筆記本就好。

別執著於「筆記本要寫漂亮」

主要原因是我希望各位別產生「念書＝整理筆記」的想法。在學校或補習班，有些孩子太過專注「寫筆記」或是「要把筆記寫漂亮」，反而沒在聽老師上課，或是內容完全沒記在腦子裡。這樣一來反而本末倒置了。

恐怕家長也覺得：「筆記寫這麼漂亮眞了不起」、「孩子很認眞念書」吧？這才不是眞正的念書。

將那些你覺得「應該要寫下來」的內容隨手寫在筆記本上即可。

上了高中、大學之後筆記需要寫得很漂亮，是因爲這個時候寫筆記的目的在於「整理資訊」、「歸納系統」，所以我不建議從小學、國中的時候就開始熱衷於「將重點整理成筆記」。

寫國字聽寫或作文必須用心

但是，國字聽寫或寫作文等目的是「書寫」的場合，就必須要求孩子要用心。接下來這段談的不是「寫筆記的方法」，而是「書寫練習」。用心寫字很重要。這裡的重點不是「字要寫漂亮」，而是要「用心」。

對孩子說：「字要寫漂亮。」有些孩子會表示：「我字很醜……」但是，**家長只要說：「字不好看不要緊，寫字要用心。」孩子通常反而會用心把字寫好。**

我再重申一次，寫筆記的目的不是爲了「漂亮、整齊」，雜亂也無所謂，就把筆記本當作便條紙、計算紙使用；但是寫國字、作文的時候，必須練習「用心寫」。能否確實區分這兩者很重要。

別把「字寫得又小又密」

練習寫國字的時候，可以先用孩子適合練字的練習本。當然如果書寫能力已經養成，也可改用大學筆記本，不過最好別使用間隔太細的類型。

數學、自然與生活科技、社會等科目適合使用大學筆記本，不過這種時候也應該告訴孩子，每行間距小於七公釐的筆記本可以隔行使用。

這種方式不一定正確，只是我認爲不需要把字寫得又小又擠，自在書寫的方式比較適合孩子。

筆記本選擇便宜的即可。自在使用筆記本，把頁面一頁頁用掉，這樣子更適合提昇學力。

lesson

40 幫助提昇專注力的「沉默時間」

對於孩子來說「一個人的時間」其實非常重要。這段時間不只是一個人獨處，而且是一個人默默進行某些事情。

我認爲是否擁有這段時間，在課業上、往後的人生上，都會造成莫大的差異。

孩子天生喜歡熱衷投入某些事物、喜歡獨自默默進行這些事情。每個孩子都有不斷重複同樣事物的特性。

小時候，孩子喜歡堆高積木後打散，光是這件事情就足以讓他們重複無數次也不覺得膩，對吧？

看到孩子不停重複同樣行爲，家長或許會感到不安，不過**「獨自默默做一件事」絕對不是壞事。甚至可以說，孩子應該要有這些舉動。**

請各位家長也務必重視「孩子獨自一人做一件事的時間」。

我這些年接觸過的孩子之中，有個孩子喜歡把文具用品堆高。問他：「爲什麼要這樣做？」當事人似乎也不清楚原因。

這個孩子不曉得為什麼喜歡堆高文具用品，只要一有空檔就會專心做這件事。這個舉動對於當事人來說可以轉換心情，**也能夠訓練專注力**。那個孩子只要一開始念書，也會很專心，後來也成功考上好學校。

不是堆高文具用品，一直畫畫或玩拼圖也可以；或是專心空揮球棒、頂足球也很好。

養成熱衷投入某件事的習慣

獨自默默投入進行某件事很重要。

孩子自然而然、自發性會出現這種舉動時，請家長別管他。如果「我家孩子不太有這種時候」，我想，母親可以對孩子說：「接下來的一個小時我要看書。你要做什麼呢？」以這種方式慢慢引導孩子自己找些事情做。在這段時間裡，孩子可以看書，也可以玩積木或拼圖。

請務必以這種方式為孩子製造「雖然和父母待在一起，卻獨自做著與父母親不一樣的事情」這種時間。

區分需要&不需要專注的時間

順便補充一點，在補習班裡，我們不是以上課教學爲主，而是以練習爲主。相較於老師教導內容的時間，孩子們自己動手快速解題的時間更爲重要。這個安排有幾個目的，其中最主要目的就是養成「獨自默默進行一件事」的習慣，培養孩子的專注力。

對於孩子來說，單方面聽老師上課當然比較輕鬆，因爲不管有沒有在聽，課都會繼續進行。

但是一旦要練習就不可以這樣了。每個人都在安靜解題，所以自己也必須面對眼前的講義或題庫。

讓孩子進行這類練習，就能夠了解孩子「是否擁有獨自默默做一件事的專注力」。從小**不管是堆積木、玩樂高、看書、畫畫或是頂足球，什麼都可以，日常生活中只要擁有獨自默默進行一件事的時間，孩子專注力就會比較高**。

希望每個家庭都重視「一個人的時間」。

別讓孩子打電動比較好

但是在這個「一個人的時間」裡，如果讓孩子打電動的話，就沒有意義了。

打電動看似是自己一個人默默坐在那裡，事實上因爲是**電腦在主導整個遊戲的發展，因此以結果來說，打電動的人多半是處於被動立場**。我不是說打電動百分之百沒有意義，只是考慮到「一個人的時間」的目的，我希望家長最好還是讓孩子做些打電動以外的事情。

Chapter 5

Habits For Moms That Encourage Kids To Study Hard Spontaneously

完全攻略！不同科目的學習法

lesson 41

分數與名次高低的關鍵在數學

數學

接下來我將分別介紹不同科目的準備方法。

各位知道嗎？在國中測驗時，決定分數與名次高低的分水嶺就在數學。成績最難拉大差距的科目是社會。另外，自然與生活科技的「地球科學、天體、生物」等偏重記憶的領域較不易拉開分數差距，「物理、化學」等偏重數學要素的領域較容易拉開分數。

那麼，我相信各位一定更想知道：「如何培養數學能力呢？」

數學的基礎是計算能力，再加上解讀題目的閱讀能力、整理資訊和狀況進行分析的能力、導出解答的邏輯思考等，各式各樣的因素都很重要。

正因爲數學囊括了這麼多複雜的要素在其中，所以才容易造成分數差距；而「數學好的孩子」，往往就成爲許多學校好學生的代名詞。

lesson 42

漫畫版的「學習書」一定有幫助！

本書已經數度提過「閱讀、書寫、珠算很重要」。

打造數學的基礎有珠算（計算練習）就夠了，不過在此之前的問題在於，有些情況是「孩子討厭數學，也排斥數學」。

這種時候我強烈建議利用「漫畫版學習書」。

不知如何選擇的話，就選《哆啦A夢學習系列》

坊間有許多所謂的「學習書」、「學習指南」，例如：小學館出版的《哆啦A夢學習系列》（台灣有出版英語學習系列）等。

這個系列中**有些關於「乘法、除法」、「面積、體積」、「圖形」等數學知識**，所以請讓孩子閱讀這些書籍。

如同我前面已經提過，在念書上，訂出「提前學習可以提前到什麼程度？」

的界線著實困難。但如果只是把《哆啦 A 夢學習系列》當作「漫畫」閱讀的話，就無須如此神經質了。

重點在於「不知不覺學會」

小學二～四年級的孩子閱讀《哆啦 A 夢學習系列》之後，產生「不知不覺就學會了」、「不是很清楚，不過大致上已經輸入腦中」的感覺，這樣才有意義。

事實上，我在課堂上一開始提到乘法和除法時，有孩子說：「我是看哆啦 A 夢的書知道的！」

這個**「我懂一些」**、**「我聽過」的反應，正是「成就感」**。

這個系列不是只有數學，國語、社會、自然與生活科技，甚至還有音樂和體育等領域的內容，請家長務必考慮讓孩子閱讀。

這種時候最重要的是別太極端地認爲：「孩子讀了這個，功課就會變好！」也別過度熱衷地認爲：「我聽說哆啦 A 夢學習系列很好，我打算讓孩子讀完一整套。」

應該在小學四年級之前閱讀！

另外，不管這套書多麼優質，等到小學五、六年級再來讀就不太有效果了，畢竟讀這套書的**重點在於「培養成就感」、「讓孩子產生興趣、好奇」，並非爲了提昇學力**。

也不是說「小學六年級不能讀」，不過在「利用漫畫版學習書」的意義上來說，我還是希望家長們考慮在小學四年級之前使用。

圖 18

漫畫版「學習書」的利用法

哪個領域的知識
都沒關係！大力推薦
《哆啦A夢學習系列》

也能夠培養「我知道」、
「早就學過了」、「擅長」等感覺。

lesson 43

分數的乘法、除法要在三年級之前學會！

本書提過「過度提前學習不好」，不過接下來將介紹一個希望各位務必提前學習的例外。

那就是「分數的乘法、除法」。

學校到了五年級才會學到

國小三年級的時候，孩子會學到分數，然後學到分數的加法與減法，至於分數乘除法則是要到上了五年級之後。

現實狀況是，教導孩子「分數是這樣的東西」等概念之後，必須整整過了二年才會學到「分數的乘除法」。

爲什麼有這段時間差呢？一如各位所知，分數的除法是「分母與分子顚倒後相乘」，方法有些複雜，因此才會安排等到升上五年級、明白其中的原理之後再學習。但我認為「等到升上五年級就太遲了」。

坦白說，即使是小學五年級的孩子也不見得能夠明白：「為什麼分數除法要把分母和分子顛倒再計算？」說穿了，想要簡單明瞭說清楚這部份，對於老師來說也是一項艱難的任務。

「了解本質」在學習上固然重要，不過我認為想要在小學階段「完全明白」分數乘除法的「原理」，幾乎是不可能。

不斷練習計算更重要

既然如此，我認為在小學三年級學習分數的概念時，一併學習加減乘除的計算方式，然後不停練習計算，比較重要。

以這種方式不斷練習計算的話，**孩子也能夠從經驗中學到許多，知道「分數就是這種東西」**、**「乘除法就是這樣算」**。

不明白原理、「總之先記住計算方式就好」的念書方式，的確多少讓人質疑，但我還是認為應該在國小三年級的階段就讓孩子學會分數乘除法。

超過十歲之後，很難用不講道理的方式教育

順便提到一點，「別講道理、記住就是了」這種方式在十歲之前還不會引起問題，接下來孩子逐漸長大就會要求「想要明白原理」，不講原理、只是告訴孩子：「這樣做就解開了」的學習方式已經行不通。

我建議分數乘除法應該在三年級之前學會，一方面也是顧慮到這一點。

lesson 44

別教方程式

方程式也是不可提前學習的領域。

關心孩子教育的父母親往往認爲：「既然數學很重要，那麼我們應該教孩子方程式。」這可不行。

學習分爲幾個重要階段

數學學習分爲幾個重要階段，而「不使用方程式，在嘗試錯誤的過程中解題」這個階段十分重要。

透過這個嘗試錯誤的過程，了解數學的思考方式，在往後學習方程式的時候，「原來有這麼方便的東西」、「爲什麼這個方程式會成立呢？」孩子也能夠了解這類架構原理。

另外還有一個問題。方程式是便利的工具，因此小學就學會使用的話，就不易發展需要發展的能力了。

基於這些原因，請務必別讓孩子提早學習方程式。

不同於入學測驗考題，練習用的模擬試題或題庫裡有些問題用方程式就能輕鬆解開。但我希望家長們務必了解——「不用方程式解題有其用意在」。

lesson 45

盡量不用紙，在腦子裡心算

解數學計算題的時候，「盡量在腦子裡心算」這點很重要。

一般常見的指導方式是「爲了避免計算錯誤，請用筆算」。我不是說這樣的指導方式有錯。利用筆算算出正確答案很重要。

但是，**想要培養眞正的計算能力，就必須讓孩子心算**。

大人之中也有些人擅長計算，有些則不擅長。如果都用筆算的話，照理說不會出現這種差異。

然而，一旦將計算過程擺在腦子裡，就會產生莫大的差異。光是這樣就能夠看出「正牌計算能力」有什麼不同。

請家長務必讓孩子培養出這種眞正的計算能力。

筆算是勞力，心算是腦力訓練

心算出錯的機率的確比筆算高，這點毋庸置疑。

而且，一般父母親總會忍不住表示：「你就是因爲都不筆算，才會計算錯誤！」

但是，這種時候請別這樣說，告訴孩子：「再算一次試試。」累積孩子的心算經驗。透過這種方式**費時費力使用大腦**，**就能夠培養出計算能力**。

說得誇張一點，筆算是勞力，心算是腦力訓練。上了小學之後，請讓孩子逐漸養成心算的習慣。

除了筆算之外，數學也有許多「這樣算就能夠輕鬆算出答案」的捷徑。

最具代表性的就是方程式。

例如計算「25×16」時，將題目分解成「25×4x4」之後再計算「25×4=100」→「100×4=400」也比較輕鬆。

數學中有許多這類「捷徑」。但是，隨便教孩子使用這種方法，絕對不是好事。

能夠想像出該圖形模樣的孩子，大致上都能夠徒手畫出漂亮的圖形。

擅長破解圖形問題的孩子，馬上就會把題目輸入腦子裡儲存。只要我在課堂上一說：「這是很難的圖形問題喔。」並在白板上畫出題目，孩子們已經把這個圖形問題記在腦海裡。

然後到了休息時間，他們會在筆記本空白處徒手畫出該圖形問題的題目，開始解題。

能夠把圖形輸入腦子裡儲存，進而能夠徒手描繪並重現該題目，這個很顯然就是具備圖形感覺的證明。

爲了讓孩子捕捉這種感覺，因此上了小學四年級之後，請訓練孩子徒手畫圖形。

lesson 47

教孩子「畫圖形的方法」

如果不教孩子「畫圖形的方法」，孩子們無法畫出圖形來。

有時我上課也會在白板上畫出一個立方體，說：「請各位試著畫出一模一樣的圖形。」

大人根據經驗法則知道「立方體的畫法」、「如何使用遠近法」，所以知道以斜線表現立體感。

但是，**孩子不具備這類知識，所以一開始無法畫好圖形**。要求他們畫長方體的話，他們會把線筆直延伸到後方或畫出奇怪的角度。

剛開始誰也畫不好

一看到自己的孩子無法畫出立方體，有些父母親會開始擔心：「這孩子是不是沒有圖形感覺呢？」用不著擔心。

圖20

教導孩子「畫圖形的方法」

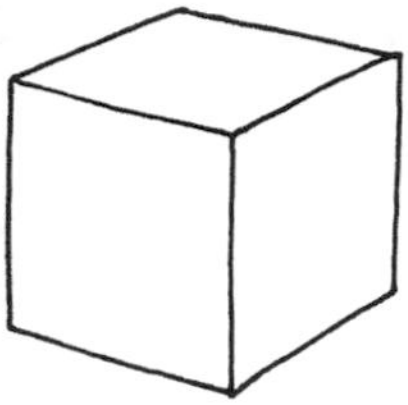

能夠徒手畫出圖形，
就能夠培養出對於圖形的感覺！

一般來說，沒有學過立體圖形畫法的話，應該都畫不出來。

這些方法是在幾百年、幾千年的人類歷史中逐漸形成，因此孩子不會畫的時候，教會他們就好。多數孩子在學過「圖形畫法」之後，就能夠培養出圖形感覺，因此請務必教會孩子畫圖形。

lesson 48

別把題庫的解答給孩子

數學之外的其他科目也是如此，不過尤其是數學，在對答案時，絕對別讓孩子直接抄上正確答案。

也就是說，「題目答錯時，在錯誤答案上打『×』，並且寫上正確答案」——千萬別這麼做，這種方式無法培養孩子的學力。

寫題庫的流程應該是「解題↓打分數↓訂正錯誤」。

但是，**遇到答錯的情況，如果在對答案的階段直接抄上正確答案的話，學習就到此結束了。說得偏激點，孩子可能一輩子都解不出那道題目。**

這個時候，家長務必要留意。

我認爲盡量別給孩子題庫的解答，才能避免孩子直接把正確答案抄在答錯的題目上。

如果遇上難題，孩子會先偷看解答

對答案當然需要解答，不過一旦把解答事先給了孩子，在解題階段如果遇到有點困難的題目時，孩子就會毫無惡意也沒有罪惡感地照抄解答。

有孩子眞的認爲這樣就是「做完題庫了」。

不用說，這種方式完全無法培養學力，即使你對孩子說：「抄答案就失去意義了。」「想想你爲什麼要寫題庫？」他們也無法理解。

因此，**孩子還在念小學的時候，題庫的解答應該由家長拿著，對答案也應該由家長進行**。

這樣做家長很辛苦，不過對答案的時候別抄上正確答案，請有耐性並細心教導孩子：「做錯的題目重做一次很重要。」

lesson 49

單純的閱讀無法培養「國語文能力」

國語

提到國語文能力時，不可或缺的就是「閱讀」。

喜歡看書且看了很多書的孩子，在國語這科上的確多半有好成績。

「我家孩子也讀了很多書，可是……」

另一方面，我也經常聽到：「我家孩子也看書，不過國語成績不見起色……」這種情況真的屢見不鮮。

閱讀本書的父母親當中，應該也有許多人覺得：「我家孩子也一樣愛看書啊！」

閱讀的確重要。在閱讀課外讀物的孩子日漸減少的環境下，養成閱讀習慣是多麼美好的一件事。「是否熟悉印刷字」在升上國、高中時，就會出現很大的差異。

但是現在這情況並非單純是「只要多多閱讀，國語能力一定會進步」。

因爲國語這一科要求的是「理解能力」，與一般閱讀的意義略有不同。

光靠閱讀無法養成「理解能力」

以國語科來說，「正確掌握意思」、「了解每位角色的心境」、「懂得分段及摘要各段落的重點」這些能力光靠一般閱讀無法培養。

我不是說「閱讀課外讀物不好」，我甚至認爲「閱讀課外讀物是國語文能力的基礎」。

但我也希望天下父母親能夠正確了解：「光是閱讀課外讀物，無法培養出國語這一科需要的理解能力」。

lesson 50

升上四、五年級後，要確實寫題庫

爲了培養眞正的國語文能力，最重要的是上了四~五年級之後要確實寫題庫。不同於「只要看著故事發展即可」、「只要故事有趣就好」的一般閱讀，注意力要擺在詞彙的意思上，想想「你、我、他等代名詞指的是誰」、「在這個階段主角的心情如何」、「根據這段內容看來，作者想要表達的是什麼」，藉此訓練理解能力。

我希望閱讀本書的父母親不要囫圇呑棗，認爲「書讀得愈多，國語文愈好」。尤其是孩子國中以後，就必須寫題庫，訓練自己習慣閱讀測驗的問題。

lesson 51

閱讀題目的速度必須做到「每分鐘一千字」

話題談到國中測驗，閱讀題目的速度當然也有某些程度的要求。畢竟考試時間有限。

以資優生標準來說，閱讀速度必須達到「每分鐘一千字」。

但是，**這並非只是「看得快就好」，而是指「在閱讀的同時能夠了解題目意思」**。

我希望這種訓練能夠從小學低年級開始進行，所以少不了「經常朗讀」。

本書也再三強調「朗讀的重要性」。到了小學六年級之後，如果孩子無法快速且確實讀完題目，我們應該積極訓練他們練習朗讀。試著讓孩子朗讀出來，家長就會發現有許多孩子其實不會朗讀。

經常出現的情況是「不自覺就會跳著念，無法念出所有單字」。

孩子即使跳著閱讀文章，也能夠了解整個故事或文章的脈絡，不過到了要解題的時候，他們無法回答出正確答案。

這種學生我會在下課之後要求他們：「請朗讀這裡到這裡。」讓他們練習朗讀。

這樣就能夠**養成「閱讀的同時也確實了解所有詞彙」的習慣，漸漸提昇閱讀（默念）題目的速度**。

從小養成習慣

趁著孩子還小的時候，養成「家長示範朗讀的方式，讓孩子模仿並朗讀」的習慣。

第四章裡也曾經提到多數家長在孩子上了小學之後，就不再聽孩子朗讀了。問題是一旦孩子養成了「跳著念」的壞習慣，幾乎無法改過來。所以在孩子就讀小學一～二年級的時候，請保留些時間，陪孩子一起朗讀吧。

圖21

訓練「一分鐘之內能夠閱讀一千字」的能力

STEP 1　家長示範朗讀方式給孩子看。

STEP 2　讓孩子朗讀。

讓孩子知道什麼是「正確的朗讀方式」，
並且讓孩子反覆朗讀，一定能夠提昇閱讀能力。

lesson 52

低年級時「反覆閱讀同一本書」很有效

同樣是閱讀，從培養「國語文能力」的角度上來說的話，反覆閱讀同一本書十分有效。

我們補習班裡有一堂課是趁著學生還是小學低年級時，花一個月的時間（四堂四十分鐘的課）讀通一本書。

反覆閱讀的重要性

上課時，我們會不斷地不斷地指導學生閱讀，孩子回到家裡也要反覆閱讀，總之就是要徹底讀懂這部作品。

只要像這樣反覆閱讀，就能夠記住各種單字、表現方式；**閱讀一、兩次之後，孩子就能夠看見原本沒注意到的作者想法、主角難以言喻的心境變化等。**

另外，反覆閱讀不只會讓你想起主角，也會站在其他配角的立場思考，進而產生新觀點。

利用這種方式解讀作品中囊括的所有要素，就是提昇國語文能力的一大關鍵。不管是意義或目的上，皆與「愉快讀過一次」的一般閱讀不同。

不可以「只讀一次」的原因

對孩子來說，第一次閱讀時，他們會「忽略標點符號」、「只根據看得懂的國字猜測意思」。重複閱讀兩、三次的話，孩子才終於懂得放入情感閱讀。

趁孩子還小的時候，讓他反覆閱讀同一本書，並且**問他：「主角在這個時候有什麼想法呢？」「主角爲什麼要做這種事呢？」利用這種方式培養孩子理解一本書的習慣**。

lesson 53

寫文章要「簡短簡潔」

國語的造句、作文經常出現「寫得洋洋灑灑很冗長」的情況。與其說這是「缺乏表達能力與寫作能力」，更有可能是因爲教育方式錯誤。

因爲**小學的時候，只要「能夠寫出長文」，就會得到高分**。

「會寫很長的文章」不等於「具備寫作能力」

爲了避免誤會，我先澄清一下，小學一、二年級能夠寫四百字長的作品當然很厲害。能夠寫出這麼長的文章，的確值得稱讚一番。

問題是既然孩子能夠做到這樣，家長就應該引導孩子邁向下一個階段。這點才是關鍵。

因爲並非「會寫很長的文章」就是「具備寫作能力」。

不管是造句或寫心得，**重要的是「能夠把意思傳達給閱讀的人」**。光是「有能力寫出長文章」不值得獲得稱讚。

到了小學四~五年級的時候，請讓孩子練習以「簡短簡潔」的文章表達自己的意思。

你家孩子是否也寫出這樣的作文呢？

舉例來說，孩子在日記裡寫下「看煙火」這件事。

這個時候想要多寫些文字的孩子，就會以「我去看了煙火，很開心。煙火很漂亮，很好玩，所以我很高興。」這種方式洋洋灑灑寫著同樣一件事。

如果只是想要表達這段內容的話——「我去看了煙火，很好玩。」——只要這樣一句話就夠了。這樣子更能夠讓閱讀的人看到應該傳達的內容。

然而，我一這麼說，一定會有人表示：「這樣子寫，字數太少了。」

作文的確有四百字或稿紙張數的限制，考試時也有「請以五十個字說明」等字數規定，所以字數太少的話，無法得分。

洋洋灑灑長篇大論的原因

但是，這裡必須做的不是**「增加字數」**，**而是要「整理並挖掘應該寫的內容」**。因爲孩子無法整理出自己應該寫的內容，才會洋洋灑灑重複著同樣內容。

關於作文的寫法（如何挖掘出應該寫的內容），我會在下一節詳細說明，首先針對表現這部份，我希望上了高年級之後，孩子能夠記住，作文要寫得「簡短簡潔」，以簡短簡潔的文章寫出眞正必須寫的內容。

這才是家長們應該追求的寫作能力、表達能力。

圖22

「能夠寫出長文章」不等於「具備寫作能力」

✕ 爲了符合規定的字數，因此寫得洋洋灑灑。

我去看了煙火，
很開心。煙火很
漂亮，很好玩，
所以我很高興。
咦
？

➡ 閱讀的人沒能夠了解任何事。

○ 寫得簡短簡潔

我去看了煙火，
很好玩。
哈哈……

➡ 能夠養成寫作能力、表達能力。

lesson 54

寫出流暢作文的「基本方法」

無論過去還是現在，孩子都要面對「讀完指定圖書之後寫心得」、「寫某個題目的作文」這類作業。

但是，仔細一想，我們似乎不曾好好學過「作文的寫法」。

現在也仍是同樣狀況，總之就是「隨意寫就好」。我認爲這是很大的問題。

要求「自由發揮」反而寫不出來

畢竟如果對小學生說：「請自由發揮。」不可能培養孩子的寫作能力。當然有些孩子即使沒人教過，也能夠寫出很棒的作文，但是大多數孩子仍必須學習「寫作文的基礎方法」。**必須等到學完「寫作文的基本方法」之後，才能夠「按照個人喜好自由發揮寫一篇作文」**。

在課堂上，小學低年級時要讓孩子「閱讀指定讀物並花三個小時寫出心得」。這個安排不只是爲了「寫作文」，也有助於提昇文章的理解能力。

學生們讀完一本書之後，先用我準備的講義整理內容。講義上會寫著底下這些問題：

- 主角住在哪裡？
- （如果故事中有海豚）海豚的背鰭是指哪個部份？
- （如果故事中提到志工一詞）志工是什麼意思？
- （如果故事談的是導盲犬）全日本有幾隻導盲犬？

就像這樣，利用書中出現的詞彙、資訊、狀況提問並一一要求學生回答。**如果沒有像這樣刻意示範整理資訊的方式給孩子看的話，光靠他們自己的能力整理不來。**

孩子們看到講義的問題，才會學到「整理資訊、狀況」、「注意詞彙意思」。當然如果只讀過一次內容，就無法回答所有問題，因此要再次打開書找出答案在哪一頁，或者再次閱讀。

這樣反覆下來，孩子就能夠「確實掌握書中內容，並在閱讀的同時吸收資訊」。不用說，這就是理解能力的基礎。

「看完書之後，自由發揮寫心得」這樣無法養成理解文章內容的習慣。希望父母親能夠明白這一點。

準備好選項給孩子選

等到資訊的收集整理告一個段落，這次改由孩子選擇「要採用哪種作戰方式寫作文？」這招「作戰」的想法十分重要。

此時也不應該「放任孩子自由思考」，家長必須準備幾個選項，讓孩子選擇。

舉例來說就是底下這幾種作戰方式：

- 思考「假如我是主角」的作戰方式
- 注意「從本書學到的新知是什麼」的作戰方式
- 注重「開心的劇情、愉快的劇情、悲傷的劇情」等所有情感的作戰方式
- 注意「印象最深刻的部份」，並將之放大的作戰方式

當然還有其他作戰方式，不過首先**最重要的是像這樣，教導孩子「基本方法」，並且讓孩子選擇。**

如果孩子選擇「假如我是主角」的作戰方式，「主角在這種場合會採取什麼行動？」「如果聽到別人對我說這種話，我會有什麼感覺？」諸如此類，讓孩子更進一步深入思考。

我認爲很少有人曾經學過這種「寫作文的方法」、「文章組織的訣竅」等。但是至少也應該**先學「基本方法」再開始寫作文，否則無法養成寫作能力**。

「尊重個性」、「讓孩子自由思考」等教育方式固然重要，不過什麼也不教，「只是放手讓孩子去做」，的確也會導致某些能力無法養成。

增減作文，進一步提昇能量！

在課堂上，我曾經指導孩子增減所寫的作文內容。學校裡不會出現這種情況；看到孩子完成的作文之後，我會建議：「要不要考慮在這裡加個接續詞『但是』？」「既然以你自己當主角，對於這個部份有什麼感覺，是不是應該寫更詳細一點呢？」協助孩子磨練作文能力。

學習基本方法、養成基本的寫作能力、文章組織能力和表達能力，最後才讓孩子「自由發揮」，這才是孩子需要的順序。

圖 23

寫作文、心得的攻略法

①「假如我是主角」作戰方式

我會怎麼做？

②「開心、悲傷」作戰方式

這本書最有趣的
地方在於……

③「印象最深刻的地方」作戰方式

印象最深刻
的是……

lesson 55

選擇題的突破祕訣就是「找出錯誤」

接著我想談談閱讀測驗選擇題的「選擇訣竅」。

到了小學高年級左右，國語的閱讀測驗（尤其是選擇題）會突然變得很困難。這也是因為過去的題目總是會提供「很顯然是正確答案」的選項，理解能力不差的孩子都能夠毫不猶豫地選出正確答案。

然而，高年級的閱讀測驗題目再也沒有「很顯然是正確答案」的選項，五個選項當中有三~四個選項都是「看起來很像正確答案」，因此使得孩子們很困擾。

這種時候必須具備的是「找出錯誤」的能力。

別被選項的整體印象迷惑，**「哪個部份有錯？」找出錯誤的地方，將該選項排除**，這就是解題方法。

最典型的陷阱題

遇到「請回答畫線部份的主角心情」這種問題時，把「看來像是正確答案的選項」擺在一起，一邊回想文章內容。

文章的發展是「故事前半段，主角很後悔，到了後半段則是滿心喜悅」，而「畫線部份是前半段」。

也就是說，主角最後變成「喜悅」的心情，不過在畫線部份那個階段的想法是「後悔」。題目講的是這個部份。

如此一來包括「喜悅」在內的所有選項都是「錯的」。

如果根據故事的整體印象進行思考的話，「主角抱持什麼樣的心情呢？」不自覺就會模糊焦點，不過如果找出錯誤，「選項中，哪些部份有錯？」解題就會比較輕鬆。

lesson 56

把「洗好的衣物爲什麼會變乾？」當作考題

生活與自然科技

自然與生活科技的**考題通常來自於日常生活經驗**。因爲自然與生活科技這門學問原本就是利用科學方式分析世界上發生的事情，只要想想就能知道這樣出題也是理所當然。

拿日常生活當考題！

舉例來說，「洗好的衣物爲什麼會變乾？」諸如此類的事物都能夠當作考題，提出問題。

本書也提到去散步或前往家居用品百貨等，有許多事物能夠從日常生活中學到，而在這短暫的時間裡，親子之間會產生什麼樣的對話，在自然與生活科技上也十分重要。

假設題目是「洗好的衣物爲什麼會變乾？」家長可以只說：「因爲水分蒸發，

衣物就會變乾。」或者也可以讓孩子繼續思考：「讓衣物快速變乾的條件是什麼？」

那麼，接下來一定會聊到：「衣物在晴天比陰天更容易乾」、「掛在通風良好的地方比較快乾」等，這些是每個大人都知道的常識，很適合跟孩子分享。

磨練自然科學敏銳度的方法

這種思考身邊大小事物「為什麼會這樣？」的態度，事實上就是培養孩子的自然科學敏銳度及好奇心的關鍵。

我們當然沒有必要逼著孩子：「日常生活所有事物都要當作學習教材！」**只要稍微夾雜在對話中，就足以改變孩子對自然科學的觀念和感覺**。尤其孩子還是低年級的時候，這類交流將會帶來莫大的差異，我希望家長們別等閒視之。

lesson 57

地瓜也是很棒的教材

從日常對話的角度上來說，拿「擺在餐桌上的食材」當作話題，也不失爲好方法。

如果你們正在吃炸地瓜，你可以對孩子說：「你知道地瓜是怎麼來的嗎？」只是這樣的討論也足夠。

蔬菜、肉類、魚類……什麼都可以

如果希望討論更深入一點的知識，聊聊：**「地瓜是根膨脹變成果實，馬鈴薯則是莖膨脹變成果實。」**這樣子當然最好。

「蔬菜是怎麼來的？」「長在地面上還是地底下？」聊這些話題也不錯，聊採收期也可以。

這些話題與其說是自然與生活科技，不如說比較偏向社會科的領域，不過我認爲與孩子聊聊：「這個蔬菜在哪裡可以採到？」很不錯。最近有不少孩子「只見過切好的魚塊」，所以在吃鮭魚的時候，家長可以和孩子說：「你知道這是什麼魚嗎？」

接著話題稍微深入一點，拓展到：「是什麼造成白肉魚和紅肉魚的不同呢？」我認爲更是絕佳的練習。

對孩子無須勉強

不需要有太多「強迫學習」的感覺，父母親也不用爲了孩子查資料、做準備，只要聊聊自己知道的知識即可。將來會發現，有沒有這類對話會造成莫大的差異。

孩子在學校或補習班學習時，**能夠出現「啊，這個我知道」、「我和母親聊過」、「之前吃過」等反應，增加與日常生活的連結，就能夠產生學習的興趣**。

希望家長在不知不覺之時，爲孩子打造出奠定基礎的土壤。

lesson 58

審慎思考再選擇科學實驗才藝班

「實驗題」也是孩子常常會稿迷糊的題目。

例如：葉子表面和背面貼上鋁箔紙的話，會出現什麼樣的不同？或是從這個結果能夠知道什麼？諸如此類都是很常見的問題。

所以，「動手做實驗」也變得很重要。

無論看過多少教科書，許多事情沒有實際做過實驗不會知道，保留在記憶中的方式也會不同。

孩子一說：「我今天在學校做了實驗。」**家長應該接話問：「做了什麼樣的實驗？」並說：「下次做其他實驗的話，也教教媽媽。」**

有這類對話，就能夠讓孩子享受實驗樂趣；只要一想到：「我要教媽媽。」孩子也會變得更加認真。

此外，寫暑假作業的觀察日記等是否用心也很重要。有些父母會站在否定的立場，表示：「這種作業隨便寫寫就好」、「這種事情沒有意義」。不過我希望各位家長務必了解，觀察日記是能夠親手做實驗、進行觀察的寶貴機會。

讓孩子明白「這是什麼實驗」

但是，坊間的「科學實驗才藝班」有些地方必須注意。

最近科學實驗才藝班成了一門生意，許多公司與機構均成立了以兒童爲主的科學實驗才藝班爭取人氣。

能夠在這些才藝班動手做實驗當然是好事。可是，科學實驗才藝班畢竟是在做生意，因此傾向於選擇「孩子容易接受的誇張實驗」。觀看這類實驗固然有趣，孩子樂在其中，家長也會很開心，問題在於**情況通常是「孩子不清楚自己究竟在做什麼實驗」**。

爆出華麗的火花、汽球飛上天，這些實驗相當有視覺上的效果，但業者只是不斷做實驗，沒有對孩子說明實驗目的與內容，如此一來與欣賞魔術表演沒兩樣。

我希望家長選擇科學實驗才藝班時，應該挑選至少會仔細說明：「這是什實驗」、「透過這個實驗能夠學到什麼」的才藝班。

另外一點是，我不建議選擇過度強調「歸納」、「寫報告」的科學實驗才藝班。

有些才藝班在實驗結束後會要求孩子製作完整的報告，或是交待孩子：「要仔細告訴爸爸、媽媽實驗內容。」甚至指導孩子如何進行簡報。

光是聽到這樣，你可能會覺得這家科學實驗才藝班很不錯，但是這麼做就偏離了「親手做實驗」、「透過這個實驗能夠了解什麼」等原本的目的。

推薦的科學實驗才藝班

我想要推薦的是退休小學老師成立的科學實驗才藝班，老師會仔細解釋學校實驗的內容，因此較容易將實驗與學問直接連結在一起。

圖 24

科學實驗才藝班的用途

×　不清楚進行的是「什麼實驗」

➡ 與魔術表演沒兩樣，無法與學問連結。

○　清楚說明這是「什麼實驗」

➡ 實驗與學問直接結合，令人印象深刻。

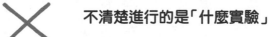

lesson 59

與孩子一起進行家庭實驗很有趣

提到自然科學實驗，一般家長往往認為費事費時，或是必須具備完整的科學知識，事實上**也有許多實驗可在家裡輕鬆進行**。

比如說，在杯子裡裝滿水，觀察水的表面張力，這也是很棒的實驗。再加一點變化的話，可在水面放上一元硬幣，讓它浮在表面，接著再加進清潔劑（界面活性劑），一元硬幣就會沉入水底。（編注：日幣一元硬幣的重量只有一公克，十分輕盈；新台幣一元硬幣的重量是三．八公克，可能無法浮在水面上。）

即使是這麼簡單的實驗，孩子也能夠學到「表面張力是怎麼一回事」、「為什麼加入清潔劑，硬幣就會沉下去」等等。

許多實驗在家就能進行

此外，也建議將西洋芹泡在加了紅色食用色素的水裡進行實驗。一個小時之後，西洋芹就會染上紅色，經過半天就會整株變成鮮紅色。透過這個實驗可以了解「植物的水分通道在哪裡」。

其他也推薦「用酸（醋、辣醬）擦亮十元硬幣的實驗」等簡單內容。

最近坊間也出版了能夠在家進行簡單家庭實驗的書籍，網路上也可以找到一些資料。只要有時間，我相信各位都可以在家做做安全又簡單的實驗。

孩子會受到父母的興趣影響

這種時候最重要的是家長也樂在其中。

本書前面也提過「家長要假裝好學」，**只要家長表現出興趣，驚嘆表示：「好厲害！」「這是怎麼回事？」孩子也會受到影響**。

父母親之中有些人感嘆：「我家孩子對自然科學不感興趣……」這是因為父母親自己也沒有表現出興趣（或是沒有假裝感興趣）的結果。

lesson 60

題庫要選擇「塡圖練習多」的類型

題庫的選擇方式，我建議要挑選「塡圖練習多」的類型。

不只是自然與生活科技這一科的題庫如此，我希望各位要有一個觀念，**題庫就是「能夠多寫多練習的工具」**。

爲什麼寫在題庫裡比較好？

如果是自然與生活科技這一科的題庫，請儘管在圖上多多寫字。因爲自然與生活科技這一科的題目，例如：「電流的動向」、「滑輪的移動」、「圖表的判讀」等，多半是題目搭配塡圖方式才能解題。

其他科目也是如此，不管是國語、數學、社會，我都建議把答案直接寫在題庫上。

有些人會建議：「答案寫在筆記本上，題庫保持空白，才能夠反覆練習。」

不過我認爲反而應該盡量寫在題庫上。

答案寫在筆記本上的話，遇到選擇題時寫了「A」，答案卻是「B」，有些孩子只會在筆記本上打「×」並寫下正確答案。

他們只注意到「答案不是A，而是B」，沒有注意到「B這個選項的內容是什麼」。這樣一來就本末倒置了。

如果答案都寫在題庫裡，一定會注意到「B」這個選項的內容是什麼。儘管只是這樣一個小動作，這種念書方式卻會帶來莫大的差異。

同一本題庫反覆練習

另外，請反覆練習寫同一本題庫。坊間有許多便宜又薄的題庫，所以同一本題庫可替孩子買個兩、三冊，讓孩子直接在題庫上作答。

既然要在題庫上作答，當然要選擇大本的題庫比較適合。

lesson 61

補充學校沒教的近代史與現代史

社會

現在的小孩在社會科上，常常不會回答近代史與現代史的問題。

那是因爲，學校並未將近代史與現代史當作教學重點，原因很簡單，歷史要講的年代太長，許多時代只能點到爲止。關於這點，向學校抱怨也沒用，所以必須在家靠自己或靠補習班補強。

如果選擇自立自強的話，家長可以陪孩子一起閱讀課本，檢查時代背景發生過的重要大事、做做題庫，只要能夠做到這些基本事情就夠了。

看電視新聞關心世界動態

另外，我也建議看看電視新聞或閱讀報紙，才能瞭解：「選舉制度的發展流程」、「消費稅的變遷、時代背景」、「冷戰、冷戰後期的世界情勢」等近代與現代的歷史。

如果孩子有興趣觀看或閱讀，自然沒問題，我想也**沒有必要強制規定孩子「你要看報紙」、「這個時間固定要看電視新聞」**。

最重要的是家長自己必須閱讀報紙或看電視新聞，並對孩子說：「俄羅斯和烏克蘭的情勢惡化了」、「颱風造成嚴重的災情」等，表現出自己的興趣。

利用這種方式表現自己關心「世界動態」、「新聞」的態度，對孩子的影響很大。

lesson 62

在客廳擺上地圖或地球儀

我希望各位從明天起務必要實踐的就是在客廳裡擺「能夠提供查詢的工具」。辭典或小百科也可以，有些家庭是擺平板電腦，最重要的是打造**可輕鬆查資料的環境，立刻就會想：「我去查查看。」**

建立「看電視↓查詢」的流程

我希望各位也要一併放置在客廳的是地圖或地球儀。

手邊有地圖的話，電視上在討論俄羅斯和烏克蘭的問題時，一問：「烏克蘭在哪裡呢？」孩子自然就會著手調查。

實際看過地圖之後，就能夠發現「烏克蘭就在俄羅斯的西邊」、「面對黑海」、「北邊是白俄羅斯」等。

常看地圖，能夠培養出孩子的地理知識，以及對於地理的興趣。

假設孩子對俄羅斯和烏克蘭問題不感興趣，能夠多少記住東歐地理也就夠了。請家人務必養成在客廳裡擺地圖、「想到就查」的習慣。

另外一個建議擺在客廳的物品不是地圖，而是地理拼圖，可以一邊享受拼圖樂趣，同時記住世界五大洲或是各國位置，對孩子來說也是有趣而實用的事。

lesson 63

學習地理要善加利用「空白地圖」

小學生的念書方法，最有效的一招就是「將各種資訊寫在空白地圖上」。最近，空白地圖也有愈來愈多可以寫上山脈、河川、工業區名稱、蔬果產地等的類型，希望各位善加利用。

靠填空記住

只要看著一般地圖，將空白地圖上的空白處一一填滿即可。

我在課堂上也曾經做過一樣的事，孩子們喜歡做這件事，感覺就像在拼圖。

反覆進行這項工作，孩子就能夠記住河川、山脈、縣名等。

用在歷史科也很方便！

在前面背書方法那兒也曾經提過，歷史科建議讓孩子自製「年表」。只是盯著課本上的年表看，不容易記住內容和歷史發展，自己動手做年表才能夠眞正理解。

lesson 64

注意不同領域的歷史推移

關於歷史科的念書方式與年表製作方式，請務必讓孩子做到「分門別類」。雖說同樣都是歷史，不過其中還分成政治史、文化史等幾個領域。

一般歷史課都是從遠古時代開始依序前進，所以在某些程度上，聊過政治史之後，就會稍微回到文化史的話題，然後再回到政治史，結果反而難以掌握單一領域的歷史發展。

了解「流程」的話，記憶也會定型

因此孩子在家裡可鎖定類別，「只看政治史」或「只看文化史」，歸納出一連串的流程。

歷史最重要的是了解「流程」，記憶也較容易定型。

鎖定類別、製作年表，應該就能夠以自己的方式掌握最重要的「流程」。

瞭解「婦女史」，也是有趣的

如果孩子有興趣，歸納整理出「婦女史」也是挺不錯的學習。**「婦女運動者、女性文學家做了哪些事情？女性何時開始取得參政權？」**諸如此類，考高中時，或許有些女校會出考婦女史相關的問題。這是一般歷史課堂上較少注意到的，有機會涉獵，也能爲孩子開發不同的歷史常識。

lesson 66

學會「說明↓名詞」之後，就要以「名詞↓說明」爲目標

準備社會科考試時，孩子往往不自覺就會變成「聽完說明，回答名詞」的形式。互相出題考對方時也多半流於這種模式。一問：「是誰創建中華民國？」對方就會回答：「國父孫中山。」

當然一開始這樣就可以了，不過到了小學五～六年級、該準備上國中時，我希望各位能夠練習「聽到名詞能夠說明」的好本領。以前面的例子來說，就是將問題改爲：**「國父孫中山是個怎樣的人？」「他做過哪些事？」**

相較之下，「說明名詞」遠比「回答名詞」困難許多，但是如果能夠做到這點，才能夠眞正學到知識。

這個念書方式的難度略高，還是希望各位逐步練習這種做法。

lesson

67

升上四年級之前，希望各位做到的事

在社會科念書方式的最後，我還要補充一件事，希望孩子升上四年級之前能夠做到。那就是「能夠說出台灣各縣市的位置」。

孩子的記憶力在十歲之前都很優秀，可以用猜謎方式讓他們慢慢記住，這對於他們來說其實不難。

如果**能夠記住各地的物產會更好**。社會課本上「○○的產地在哪裡？」很重要。

只要大致掌握就好，比如說利用這種方式先從「橘子產地」開始，將興趣和知識拓展到更多蔬菜水果、漁獲量等領域的話，實力也會逐漸成長。

附錄

Habits For Moms That Encourage Kids To Study Hard Spontaneously

不同年齡兒童的發展方式

幼齡期

幼齡期（三～六歲）的教育重點

最後，我想以「不同年齡的教育重點」爲主題，歸納不同世代、年齡層的重點。首先從幼齡期（三～六歲）開始。

重視不放棄的態度

父母親在孩子幼齡期「稱讚孩子的不放棄」很重要。看卡通的時候，父母親若無其事地表達感想，說：「這個人不放棄繼續努力，眞是厲害。」或是在孩子充滿毅力組積木或玩拼圖的時候，稱讚他：「你沒有放棄，眞了不起。」

這樣的反應不斷累積下來，孩子也會在不知不覺中**學到：「不放棄代表很厲害」**、**「不放棄會得到稱讚」**。孩子是否養成這樣的想法，將會對往後的人生產生莫大的影響。

重視模仿

「學習」最開始來自於「模仿」，所以，模仿很重要。

不管是拿筷子的方式或是吃飯的順序，由父母親示範並**敦促孩子「模仿媽媽怎麼做」**很重要。

孩子天生喜歡模仿，所以只要家長「希望孩子養成這種習慣」，並由父母親自示範的話，孩子就會漸漸照著做了。模仿是學習的基礎。

讓孩子多方嘗試，體驗失敗

最近小學生常見的傾向是「只要一不順利，立刻就放棄」。這點也與前面提過的「不放棄」訓練有關，簡言之就是家長缺乏「讓孩子多方嘗試、體驗失敗，並且試著繼續努力」的態度。

我認爲原因之一，就是孩子沒有在幼齡期經歷過失敗。

孩子在沙坑建造隧道時，如果過程不順利，**父母親要鼓勵孩子，說：「再努力試一次看看，這次一定會成功。」**

只要孩子不再有「不順利就放棄」的想法，願意「再努力一次試試」，就能夠培養出不放棄的心，也能夠體驗達成目標的喜悅。另外，數學就是一門以「多方嘗試、體驗失敗」爲基礎的學科。喜歡數學的孩子皆養成了面對錯誤的習慣，無一例外。

教導孩子「學習是開心、愉快的事」

孩子最喜歡「學習新事物」，事實上他們更喜歡的是「被媽媽稱讚」。這點很重要。

孩子要學習新事物時，請家長務必大力表達自己的喜悅，說：「好厲害！」「你會做這種事情，媽媽好高興！」等等，過度誇張也沒關係。

家長用這種方式**表現出「媽媽好高興」的態度，孩子就能夠了解：「學習很開心」、「媽媽很爲我高興」**。

然後，在下一個階段，請家長調整說話方式，用孩子也能夠感受到你的喜悅的語氣，說：「你會○○，媽媽好開心！」「你學會了好多東西，媽媽好高興！」等等。這樣簡單一句話，就足以改變孩子的心情。

培養孩子的自信

本書也提過「勝利手勢」、「擊掌」等的重要性，總之，從小只要孩子做到了什麼，就說：「太好了！」「好厲害！」等培養孩子的自信。這點很重要。

有年紀很小的孩子經常會說：「我要保護媽媽不受世界上的壞人攻擊。」這個時候，家長應該**尊重孩子的幹勁和積極**。

我認爲孩子在幼齡期、小學低年級左右「**有點得意忘形剛剛好**」。在念書或運動各方面擁有自信的孩子，學習新事物的速度更快。

教導正確的喜怒哀樂

讀書或觀賞電影時，一遇到悲傷的場面，家長要說：「好傷心。」與孩子共享情緒；或是孩子遇到什麼恐怖經歷時，要問問孩子：「很可怕，對吧？」「你很害怕吧？」確認孩子當下的想法。

父母親刻意教導孩子正確的情感表現，這點很重要。

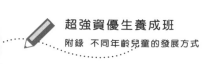

面，因此絕對不容輕忽。

務必斥責「失禮的態度」

上了小學之後，孩子對於父母親與老師等大人的態度也因人而異。

舉例來說，在我的補習班裡，解出答案後找老師領貼紙是固定流程，不過在這種時候，有些孩子會說：「老師，請給我貼紙。」有些孩子一句話也不說，直接用自動鉛筆敲著桌面，催促老師給貼紙。他們雖然沒有惡意，但似乎已經養成壞習慣。

這種時候，我會嚴厲告訴他們：「怎麼可以這麼沒有禮貌？」「你知道你這種態度有多惹人討厭嗎？」

除此之外，孩子還有許多失禮的行爲，例如：對大人說話不敬或是以半開玩笑的語氣回嘴等。這種時候請家長務必斥責他們。

多數孩子絕對沒有惡意，只是「不知道什麼該做、什麼不該做」而已。好好教導他們是大人的工作。**看不起大人的孩子不僅不會念書，也學不到任何東西。**

教孩子一定要寫作業

這是理所當然的事情，從低年級開始就應該告訴孩子「作業一定要寫」，這點很重要。

有時父母親會認為：「這種作業有意義嗎？」「把時間用來念其他書還比較有意義……」諸如此類的意見。學校出的作業的確有時令人費解：「這種東西有意義嗎？」

但是，**重要的不是「作業的內容」，而是要養成「有作業就一定要做」的習慣。**希望各位別搞錯。

是否能夠從低年級開始養成「確實寫作業」的習慣，將會大幅影響往後的學力，所以請務必盯著孩子寫作業。

訓練孩子完整傳達校方的通知

小學低年級很重要的就是「確實向父母親報告學校的通知內容」。學校會發給家長的通知單，小學一年級的時候，父母親要向孩子確認：「學校有沒有東西要給爸媽？」「老師有沒有說要拿什麼東西給爸媽？」之後，請訓練孩子能夠自行拿出這些通知單。

到了二、三年級，如果「媽媽沒說就不拿通知單出來」的話，必須嚴厲斥責，養成孩子自己拿通知單出來的習慣，這點很重要。這些練習能夠讓孩子一步步走向獨立。

教導孩子社會常識

我認爲必須教導低年級的孩子社會常識。這裡說的社會常識，也不是什麼太困難的東西，只是一些理所當然的知識，如：「不可以破壞學校的花壇」、「不可以隨手亂丟垃圾」、「垃圾必須分類丟棄」、「不可以欺負動物」、「不可以欺負別人」等。

在這個年紀教導孩子這些事情很重要，而且，許多時候考試也會出與基本社會常識有關的問題。

不光是爲了考試，「要好好聽課」、「要聽老師和爸媽的話」等**基本的社會常識應該讓孩子在十歲之前就學會。**

擅長撲克牌、圍棋、象棋、西洋棋的孩子會變聰明

從小讓孩子進行撲克牌、圍棋、象棋、西洋棋等對戰型的遊戲，對於訓練頭腦相當有幫助。

我有時也會和孩子們玩撲克牌。與數學好的孩子玩接龍十分花時間，因為聰明的孩子會進行許多模擬，心想：「我出這張的話，就會變成那樣、變這樣，出這張的話就會變這樣……」

腦子裡的模擬，有助於腦力發展。

另外，圍棋、象棋或西洋棋只是記住規則無法獲勝，必須學習基礎的移動方式及布局等，將這些模式記在腦子裡，自行組合出對戰招式。

這個過程十分重要。**不管是念書或工作，首先要學會正確的模式，接著再加入自己的巧思。**在圍棋和象棋上學過這個流程的孩子，在吸收任何事物上都會比較順利且有效率。

我不是在鼓吹父母親讓孩子去學撲克牌、圍棋、象棋，他們就會變聰明，我只是認為比起老是打電動，親子一起玩這一類的對戰遊戲更有幫助。

假設孩子原本是在客廳念書，母親應該保持適當距離，進廚房準備晚餐，而不是待在孩子身邊。這樣的想法很重要。

或是讓孩子自己做計算題，只有對答案的時候和父母親一起進行，利用這種方式應該就能夠漸漸拉開距離。

想想書桌應該擺在哪裡？

談到「讓孩子能夠獨自念書」這個主題，就會遇到「書桌要擺在哪裡？（在哪裡念書？）」的問題。

老實說，這沒有標準答案，沒有「這樣做比較好」、「應該這樣做」這種事。我認爲擁有自己房間的低年級孩子可以把「自己的房間當作遊戲房」。念書可以待在客廳裡和父母親一起進行，「自己的房間則是玩耍的地方」，可以這樣區分很好。

但是，到了高年級之後，這點就要稍微改變了，因爲有些孩子是「念書也要在自己的房間裡」、「一個人較能夠專心」，也有些孩子依舊認爲「在客廳念書比較好」。

以結論來說，最好的方式就是配合孩子的個性。

不可以太放任，也不可以過度干涉，這就是最難的地方。請家長仔細觀察「這個孩子適合多遠的距離呢？」「在哪裡念書最好呢？」找出答案吧。

家長也不可以完全聽信孩子說：「我一個人比較能夠念書，所以我要在自己的房間裡念。」根據我的經驗，躲在房間裡眞正在念書的孩子少之又少，大多數孩子還是在看漫畫或打電動。

最重要的是記住這一點，同時想想「孩子的書桌要擺哪裡」、「在哪裡念書」。

找出優點，告訴孩子

到了小學高年級左右，家長老是會注意孩子的「缺點」，有部份原因應該是謙虛。

家長與我談話時，往往我一說：「○○同學的數學很好。」家長就會回答：「沒那回事，問題是他的國語和社會眞的很糟糕……」

除此之外，他們還會說：「我家孩子吵死了，一秒鐘也靜不下來……」「他一點也不專心……」諸如此類，總之家長只會看到缺點。

但是，只要改變看法的話，孩子在你眼裡就會充滿優點，例如：「充滿活力」、「時間雖然不長，不過他專注時真的很專心」等。

孩子只要有一項優點，這個優點就會帶出其他優點。因此父母親務必將注意力擺在優點上。

在「稱讚局部成就」的章節裡也曾經提過，如果是「國語很差，但數學很好」的話，我希望家長改用這種說話方式，說：「你的數學真的很棒呢。」如果「棘手的自然與生活科技這一科之中，生物相對較拿手」的話，就替孩子找出優點，說：「遇到生物問題，你立刻就曉得答案。」

利用這種方式只注意「優點」的話，孩子也會改變想法，進而改變成績。

讓孩子自己說明學到的事物

本書也在「教人比被教更容易成長」的章節中提到希望家長積極詢問孩子：「你學了什麼？」「今天自然課做了什麼實驗？」等等。

孩子到了小學高年級左右，家長務必記得問問孩子（但是要小心別惹孩子討厭）：**「今天學了什麼？」如果數學課學的是質數的話，可以問問：「什麼是質**

數？質數有哪些？」

這樣做也是因為這種溝通方式頂多只能用到小學高年級而已。上了國中之後，應該不會再有「今天學了什麼，說給父母親聽聽？」這種習慣了吧。不過，這也是孩子成長順利的證明，家長無須介意。

小學高年級是「孩子告訴父母親自己學了什麼」的最後機會，所以家長請務必積極詢問。

圖28

小學高年級（十～十二歲）的教育重點

保持適度的距離感

他正在努力呢。

想想要讓孩子在哪裡念書

自己的房間？
客廳？

看著優點而非缺點

這個孩子一秒也靜不下來……
這個孩子總是充滿朝氣……

國中生

國中生（十三～十五歲）的教育重點

這裡我想提出幾個國中生（十三～十五歲）的教育重點。

國中生從許多角度來說，都是相當艱難的時期。此時最重要的是家長是否能夠接受親子關係的改變。

孩子上了國中之後，不僅實際上的距離會改變，溝通方式、往來方式也會改變。全新的親子關係在這些改變中逐漸建立，我認爲這就是這段時期的重點。

不干涉，只觀察

孩子上了國中之後，即使問他：「今天學了什麼？」「學校如何？」孩子也多半不願意好好回答。站在孩子的立場來看，因爲他們心裡認爲：「我不想對爸媽一一交待這些事情」、「好麻煩啊」、「太丟臉了」等。

我覺得這樣也沒關係，不過請家長別忘了仔細觀察孩子的反應。小學時的親子溝通交流或許是以對話爲主，上了國中之後，**有時必須靠感覺掌握氣氛、心情等**。請家長務必明白這其中的變化。

說實話，我認爲家長有時應該進入孩子的房間檢查桌面。

話雖如此，我也不是說可以正正當當這樣做。別過度干涉，要謹慎、若無其事地觀察孩子的想法和動態，這是身爲國中生家長必須做到的事。

建立「房間是借你的」的觀念

孩子上了國中之後，就會出現「孩子是否該有自己的房間」、「孩子希望能夠鎖房門」等問題。

如果家裡的情形許可，我認爲讓孩子有自己的房間很好，不**過我反對「鎖房門」**。一定也有許多家長反對吧。

問題在於：「我該如何對孩子解釋呢？」這一點讓許多家長陷入苦思。

解決方法之一，就是告訴孩子：「房間不是你的，只是暫時借你用。」站在父母的立場，說：「你只是向爸媽借用房間而已，所以不准鎖門，爸媽也可以進去。」「如果不喜歡的話，房間也可以不借你用。」

然後告訴孩子：「如果想要自由鎖房門的話，等你經濟自主、有自己的錢能夠租房子再鎖。」

關鍵在於給孩子房間時，要說好這些規定，並且確實實踐。

孩子有手機的話，必須建立使用規則

到了小學高年級、國中，勢必會面臨的就是「手機問題」。

現在國中生帶手機已經是理所當然的情況，所以從現實角度來說，家長很難對孩子說：「我們家孩子不用手機」、「等你上高中再說」。

以我個人來說，我認爲：「讓孩子帶傳統手機還可以，不需要用到智慧型手機。」不過以時代的趨勢來看，這一點似乎也很難辦到。

因此最重要的就是親子之間的約定。

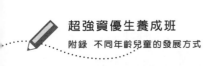

和上一段小孩房間的觀念一樣，手機（包括智慧型手機）也是「父母親付錢借給孩子使用」的東西。我認爲**「父母親理所當然有資格看孩子的手機」**。家長**也可以主張：「如果不能遵守使用規則，手機就不借你。」**

此外還必須訂定「念書時，手機必須擺在客廳櫃子上」等規矩。不管念書有多專心，只要手邊有手機、智慧型手機，收到朋友傳來電子郵件那一秒，就會失去念書的心思。

利用這種方式互相討論、訂好規矩之後，再讓孩子使用手機，這點很重要。「如果不守規矩，手機就要沒收」——做到這個規定很重要。

我希望家長不要因爲「大家都有手機，也應該讓我們家孩子用手機吧？」因此草率決定。

與青春期孩子往來的方法

孩子上了國中之後，就不再聽父母親的話。

青春期的孩子到了叛逆期，**不聽父母親說的話也是正常，家長反而應該高興。因爲這是孩子踏實成長的證明**。

要說這個年紀的孩子會聽誰的話，主要就是學長姊。對孩子來說，不想聽大人說的話，卻會聽感覺很像大人的學長姊的話。這個年紀的孩子就是這樣。

父母親如果有機會聽到孩子說：「○○學長/姊好厲害呢！」「○○學長/姊做了這件事。」請務必肯定並認同孩子景仰的學長姊。

告訴孩子：「哦，眞厲害。你也得加把勁成爲那位學長姊那樣的人。」「眞羨慕你有那麼好的學長姊！」等等，**若無其事地推波助瀾，肯定學長姊的表現，讓孩子把他們當作目標**。

雖然偶爾要擔心學長姊會帶壞你家孩子，不過即使孩子的學長姊所說的話多少有些錯誤、太不了解社會現實，或是提供的建議缺乏效率，只要孩子本人有心「以那位學長姊當作努力的目標」的話，我覺得這樣很好。

事實上在補習班裡偶爾會發生這種情況。比起經歷豐富且擅長教學的資深教師，資歷淺的大學生講師來教，孩子們的成績反而會進步。

大學生講師的教學技術和經驗很明顯比不上資深老師，但只要身爲學長的大學生講師一說：「你們不趁現在念書，以後會很慘喔！」國中生就會直接將這些話聽進心裡。

因爲他們這一輩只聽從他們憧憬的前輩、走在他們前面一步的人所說的話。我希望家長也能夠了解這一點。

實際上也經常有父母親對我說：「我家孩子已經不聽我說的話了，請老師幫忙說說他。」

這種情況不只發生在國中生身上，畢竟孩子的教育除了父母親之外，學校老師、補習班老師、鄰居或社團的學長姊等，各式各樣的人都會造成影響，促使孩子成長。

尤其國中生面對的是艱難的時期，所以**家長應該小心翼翼觀察孩子，別想一手攬下所有工作，借用眾人的力量與孩子相處即可**。

這個時候最重要的是取得與孩子有關的正確資訊，以及找到值得信賴的人，不管是學校老師或補習班老師都可以，珍惜與這個人之間的關係。

我總是注意維持這樣良好的互動；家長、學校、補習班能夠聯手合作的話，我相信能夠幫助孩子逐漸成長。

圖 29

國中生的教育重點

不干涉，只確實觀察

孩子有手機的話，必須建立規則

事先有「孩子不會聽父母的話」的觀念

後記

感謝各位閱讀到最後。

本書主要討論的是「如何讓孩子產生自主學習的幹勁，成爲願意自動讀書的資優生」。不管是過去或現在，想要讓孩子產生幹勁都是最大的難題，對於家長來說，這也是一切煩惱的起點。我對各位父母親開出的「處方籤」，就是本書提到的這些「與孩子相處的方法」。

但是，**我希望各位不要想著要按照本書的所有內容實踐**。

因爲這麼一來，教育孩子就會變得毫無樂趣可言。最重要的是**母親自己樂在其中**。母親能夠樂在其中的話，孩子一定也會感受到。

另外，網路和電玩遊戲的普及等，不斷改變孩子的生活環境。在這樣的環境裡養兒育女十分辛苦，也有許多母親希望配合環境教育孩子，最後卻迷失了方向。誘惑孩子們的東西愈來愈多，在這樣的情況下，也有愈來愈多母親煩惱著：「我該怎麼做，孩子才願意念書呢？」

孩子成長的重點無論過去或現在都不曾改變。我希望各位回想自己的童年，再配合現在的時代養育孩子，無須勉強自己。

本書在許多人的幫助下才得以出版。感謝爲我犧牲寶貴時間的中村先生、飯田先生。謝謝你們。

另外也感謝在本書完成之後提供意見的母親們，以及多次協助校稿的役山先生、古谷先生。感謝各位在百忙之中出手相助。

最後要感謝過去我接觸過的每一位父母親和孩子們。那一次次的相遇，成爲支持我寫下這本書的原動力。

容我再說一次，由衷感謝各位閱讀到最後。

如果本書多少能夠替母親們解決一些育兒問題的話，將是本人無上的榮幸。

二〇一四年八月

ELCAMINO 數理類專科補習班代表　村上綾一

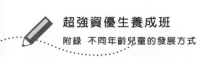

教養生活 0039

超強資優生養成班：保證錄取前三志願的補教名師，教你每天只花10分鐘，孩子成績馬上突飛猛進！

1日10分で大丈夫！自分から勉強する子が育つお母さんの習慣

作　者——村上綾一
翻　譯——黃薇嬪
主　編——陳慶祐
執行企劃——汪婷婷
內頁排版——黃庭祥、李宜芝
封面設計——十六設計
董事長
總經理——趙政岷
總編輯——周湘琦
出版者——時報文化出版企業股份有限公司
一〇八〇三台北市和平西路三段二四〇號二樓
發行專線——（〇二）二三〇六六八四二
讀者服務專線——〇八〇〇二三一七〇五
（〇二）二三〇四七一〇三
讀者服務傳真——（〇二）二三〇四六八五八
郵撥——一九三四四七二四時報文化出版公司
信箱——台北郵政七九～九九信箱
時報悅讀網——http：//www.readingtimes.com.tw
電子郵件信箱——books@readingtimes.com.tw
法律顧問——理律法律事務所　陳長文律師、李念祖律師
印　刷——勁達印刷有限公司
初版一刷——二〇一五年九月十一日
定　價——新台幣二八〇元
⊙行政院新聞局局版北市業字第八〇號

國家圖書館出版品預行編目資料

超強資優生養成班 / 村上綾一作 ; 黃薇嬪翻譯. -- 初版. --
臺北市 : 時報文化, 2015.09
面 ;　公分. -- (教養生活 ; 39)
譯自 : 自分から勉強する子が育つお母さんの習慣 : 1日10分で大丈夫!
ISBN 978-957-13-6384-4(平裝)

1.親職教育 2.子女教育 3.學習方法

528.2　　104016630

ISBN 978-957-13-6342-4
Printed in Taiwan